Guía para el docente y solucionarios

Atención al alumnado con necesidades educativas especiales (ACNEE) en centros educativos

ic editorial

Bloque 1

Guía para el docente: técnicas de enseñanza y aprendizaje

Contenido

1. Introducción

El presente capítulo está destinado a ofrecer al cuerpo docente responsable de la enseñanza del programa de cualificaciones profesionales y certificados de profesionalidad, una guía metodológica para obtener el máximo rendimiento de los contenidos formativos que han sido desarrollados para el presente título.

La mejora de las habilidades comunicativas y la aplicación de una metodología contrastada de enseñanza, aprendizaje y evaluación permitirá transmitir el conocimiento y adquirir el programa formativo de la forma más efectiva y práctica posible.

Estudiaremos cuáles son los principales elementos que forman parte de la comunicación profesor-alumno, a través de una cuidada selección de sistemas de planificación de estrategias didácticas, así como la utilización de medios y recursos didácticos.

La integración de todas las actividades planificadas alrededor de un plan de formación adaptado e individualizado, aumentará además la satisfacción del alumnado por la utilización de un sistema no lineal e interactivo que se retroalimenta gracias a la relación establecida entre la propia metodología y los actores que forman parte de la enseñanza.

2. El programa de formación

Una de las claves del éxito de la mayoría de las actividades que se realizan en general, y concretamente en la formación, es la **programación.** Es necesaria la programación de las acciones formativas, para que así se pueda alcanzar el objetivo final, es decir, que el alumno obtenga una buena capacitación y adquiera nuevos conocimientos en su repertorio y que, después, sea capaz de emplearlos en su trabajo.

2.1. Definición de programación

Cuando se habla de **programación,** se pueden encontrar multitud de definiciones. Para sintetizar, se podría definir como la actividad de enunciar lo que se quiere hacer (objetivos, contenidos, métodos, temporalización, medios y recursos didácticos y evaluación).

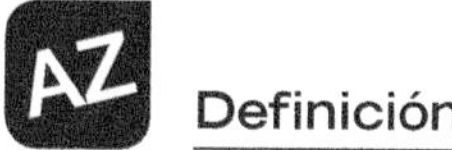

Definición

Programación
Es un plan donde se establecen las acciones que se van a realizar en un proceso de enseñanza-aprendizaje, por medio de un formador o un equipo.

A continuación, se va a describir una serie de características que tiene que tener una programación didáctica:

- Dinámica. Una programación no es estática ni está acabada, siempre está en constante revisión, de ahí su dinamismo. Además va cambiando o evolucionando según los resultados de la evaluación continua que se va realizando durante la ejecución de la acción.
- Flexible. Esta característica permite que se puedan hacer cambios, ampliaciones, reducciones y actualizaciones de los contenidos y actividades programadas, según las necesidades que se observen.
- Creativa. La programación como es un diseño propio y exclusivo, exige creatividad y originalidad. El docente es el que decide sobre el quehacer en el aula teniendo en cuenta las características del grupo, las necesidades que se pretenden satisfacer y las propias posibilidades.
- Prospectiva. La programación consiste en hacer un pronóstico de la interacción que se va a producir en el aula.

- Sistemática. La programación es un proceso sistematizador que da coherencia a la acción formativa, ya que tiene en cuenta todos los elementos (objetivos, contenidos, métodos, temporalización, medios y recursos pedagógicos y evaluación) que intervienen en el acto educativo y analiza sus relaciones.
- Integradora. Permite integrar elementos de cualificación técnico-profesionales con elementos de cualificación personal de alumnado.
- Funcional. Toda programación debe basarse en el perfil profesional de la ocupación y estructurar los contenidos formativos que proporcionan las competencias de ésta.

2.2. Elementos de la programación

Antes de empezar cualquier programación formativa, es necesario tener en cuenta los datos obtenidos del análisis de la ocupación y del grupo al que se dirige la acción formativa. A partir de esta información, se determinan los elementos que van a conformar la programación.

Cuando se realiza la programación de un curso, hay que plantearse previamente las siguientes preguntas:

1. ¿Qué quiero conseguir con la formación?	**OBJETIVOS**
2. ¿Qué conocimientos deben asimilar los alumnos para alcanzar los objetivos propuestos?	**CONTENIDOS DEL CURSO**
3. ¿Cómo trabajamos en el aula? ¿Qué actividades son las que realizamos?	**MÉTODOS DE ENSEÑANZA**
4. ¿Cuánto tiempo tengo y cuánto dedico a cada módulo?	**TEMPORALIZACIÓN**
5. ¿Qué medios y recursos didácticos se necesitan para poder llevar a cabo esas actividades?	**MEDIOS Y RECURSOS DIDÁCTICOS**
6. ¿Cómo sabemos que se ha producido el aprendizaje?	**EVALUACIÓN**

3. Factores determinantes de la efectividad de la comunicación en el proceso de enseñanza-aprendizaje

En toda comunicación que se produzca en el proceso de enseñanza-aprendizaje, existen factores determinantes que obstaculizan o refuerzan este proceso.

3.1. Obstáculos de la comunicación

Relacionados con el emisor

- No expresar de forma clara qué mensaje se quiere transmitir.
- Comentar algo a lo largo de la explicación que no sea lo correcto y pueda resultar desagradable.
- Cambiar el tema de conversación.
- Desviarse del tema que se está tratando.
- No mirar al receptor cuando se quiere expresar algo.
- No estar atento a las señales que emite el receptor.
- Expresar alguna idea a través de los gestos que no se corresponda con la idea a comunicar.

Relacionados con el receptor

- No comprender las ideas que quiere expresar el emisor.
- No pedir explicación al emisor de aquella información que no le haya quedado clara.
- Interrumpir al emisor cuando está hablando.
- Captar algo diferente a lo que el emisor desea transmitir.

Relacionados con el mensaje

- Mensaje confuso.
- Mensaje muy corto.
- Mensaje muy extenso.
- Abuso de muletillas.
- Utilización de frases sin terminar.
- Dar "rodeos" para decir la idea principal.

Relacionados con el contexto

- No ser el momento adecuado para transmitir algo.
- No saber escoger el lugar oportuno.
- La presencia de ruidos y de interferencias.
- No pensar en las personas que están cerca.

Relacionados con el código

- No utilizar el mismo código que la persona con la que se habla o a la que se escucha.
- No adaptar el vocabulario a la situación o a la persona con la que se conversa.
- Utilizar el doble sentido.

3.2. Sugerencias para el mejor funcionamiento de la comunicación

Emisor

- Acostumbrarse a planificar la comunicación.
- Concretar visiblemente los objetivos.
- Buscar la retroalimentación en la comunicación.
- No tratar de impresionar al receptor.

Mensaje

- Que sea claramente entendido por el receptor.
- Que la terminología usada sea de referencia común.
- Que reclame la atención y el interés del alumnado.
- Que sea sencillo de interpretar.
- Que su contenido sea adecuado y convincente.
- Que produzca el máximo efecto posible.

Canal

- Que sea el más apropiado al grupo al que se dirige, al contenido del mensaje y al objetivo que persigue el formador.
- Que sea el que cause mayor impacto en el receptor.
- Que sea el más eficaz.
- Que sea el que mejor domine el formador.

4. La comunicación verbal y no verbal en el proceso instructivo

Los medios de comunicación pueden agruparse en dos grandes bloques: los **medios verbales,** que son aquellos que usan la lengua como código compartido; y los **medios no verbales,** que son los que se fundamentan en otros códigos simbólicos. A su vez, dentro de los medios verbales, están el medio escrito y el medio oral.

Cada uno de estos medios tiene sus ventajas y sus inconvenientes, por lo que la selección del medio deberá tener en cuenta las circunstancias y características que en cada caso presenta el comunicador, la audiencia y el mensaje que se ha de transmitir.

4.1. Los medios verbales

La comunicación verbal

La comunicación verbal se utiliza para comunicar ideas o dar información, opiniones, expresar o describir sentimientos, etc. Sirve de vehículo a los contenidos explícitos del mensaje. Para garantizar la efectividad de la comunicación, es necesario que el mensaje se presente de forma descriptiva y operativa, pero siempre teniendo muy en cuenta el código común del grupo al que va dirigida esta comunicación.

Un uso correcto del lenguaje oral ayuda a acercarse más a los alumnos. Los principales aspectos a considerar son los que aparecen a continuación.

Construcciones gramaticales

El objetivo será transmitir el mensaje de la manera más clara posible. Se deben evitar los giros rebuscados, la sintaxis complicada y las metáforas. En las explicaciones y conversaciones debe primar el contenido sobre la forma.

Vocabulario

Es importante saber qué palabras van a expresar mejor los conceptos que se desean transmitir y las que pueden ser comprendidas mejor por los alumnos. El análisis previo de los alumnos ayuda a saber qué términos técnicos se pueden utilizar sin problemas, cuáles se tienen que explicar y cuáles se deben evitar.

En general, siempre hay que mantenerse dentro de un lenguaje formal, evitando los vocablos demasiado coloquiales, las palabras extranjeras, las referencias académicas y expresiones de carácter religioso, político, deportivo o cultural, que pueden resultar agresivas para los alumnos.

Ejemplos

Los conceptos abstractos que pueden aparecer y que dificultan la adquisición de los contenidos, tienen que ser expresados mediante las explicaciones del formador, siempre apoyándose en la visualización.

La comunicación escrita

La comunicación escrita posee un carácter más veraz que la oral. La interacción que tiene lugar entre el emisor y el receptor no es inmediata, en algunas ocasiones no llega a producirse jamás. Este tipo de comunicación ofrece más oportunidades expresivas y mayor complejidad gramatical, sintáctica y léxica. También hay que tener en cuenta que a veces dificulta la expresión y/o puede no proporcionar *feedback* de manera inmediata.

4.2. Los medios no verbales

Al igual que las palabras, los elementos de la comunicación no verbal son signos que representan una idea (se excluyen todos los signos lingüísticos).

A diferencia de la comunicación verbal, su función no se centra sólo en la transmisión de contenido, sino que traspasa esa frontera para expresar también las emociones del emisor, controlar la interacción y proporcionar *feedback* del efecto que el mensaje produce en el receptor. Todas estas funciones son muy útiles para el formador, tanto en su tarea de transmisor de conocimientos como en la tarea de motivar y dirigir al grupo.

A continuación, se detallan las diferentes categorías en las que se agrupan los elementos de la comunicación no verbal.

Kinesia

Posturas

Una de las primeras cosas que el formador debe transmitir a sus alumnos es confianza y seguridad, lo que puede conseguirse a través de una postura erguida (sin llegar a ser arrogante), de pie, apoyándose sobre los dos pies y manteniendo la cabeza alta.

Esta postura es útil, especialmente durante la presentación del curso, porque ayuda a relajar el cuerpo, a facilitar la respiración y a controlar las muestras de nerviosismo, al tener un buen apoyo en el suelo.

A medida que avanza el curso, se pueden adoptar otras posturas que faciliten el descanso (apoyarse), el acercamiento (echar el cuerpo hacia delante) o que resten protagonismo (sentarse).

Gestos

Los gestos son un buen aliado del formador, excepto cuando éste se siente incómodo o nervioso. Gestos de carácter adaptador, como rascarse o colocarse la ropa, pueden delatar su estado emocional.

La mayoría de los gestos cumplen la función de reforzar el mensaje verbal (ilustradores), aunque existen otros cuya función es regular las intervenciones cuando se dirige una discusión de grupo.

Expresiones faciales

Las expresiones de la cara transmiten las emociones y permiten obtener fácilmente una respuesta del alumno.

Una expresión facial agradable, como una sonrisa no forzada, facilita la creación de un ambiente relajado en el aula. Una sonrisa puede ser muy útil también para romper la tensión que inevitablemente surge en algunas sesiones.

Mirada

La mirada, junto con la postura, es uno de los mejores métodos para transmitir confianza (en momentos de nerviosismo se tiende a apartar la vista) y para captar la atención de los alumnos.

Mientras el formador habla debe mantener la mirada sobre los alumnos la mayor parte del tiempo, mirándolos el tiempo suficiente como para que se sientan atendidos pero no incómodos. También se puede utilizar la mirada durante las discusiones de grupo, con una función reguladora de las distintas intervenciones.

Desplazamientos

Realizar desplazamientos en el aula capta la atención del alumnado, además de facilitar el contacto visual. Hay que procurar que no sean repetitivos o bruscos (pasear cerca de los alumnos), y cambiar de un recurso a otro (ir de la pizarra al retroproyector), etc.

Recuerde

Los recursos no verbales que estudia la Kinesia son:

- Posturas.
- Gestos.
- Expresiones faciales.
- Mirada.
- Desplazamientos.

Estos recursos pueden utilizarse tanto para reforzar lo que se expresa mediante la comunicación verbal como para sustituirlo.

Proxémica

El aspecto de la proxémica que más interesa es la proximidad física entre los individuos, ya que los alumnos pueden sentirse violentos si el formador se aproxima excesivamente a ellos o, por el contrario, verle distante si no se acerca.

Se debe prestar atención a este aspecto, tanto durante las intervenciones como al distribuir el espacio del aula que se va a emplear, evitando siempre que los asientos estén demasiado juntos o demasiado separados.

Paralingüística

Para captar la atención del público, los oradores suelen hacer uso de determinados aspectos como el tono de voz o las pausas, que en algunos casos pueden parecer exagerados.

El formador, aunque emplee el método de la lección magistral, no es un orador y, por tanto, no debe prestar especial atención a estos aspectos, excepto cuando le plantean algún problema, debido a la ansiedad, al cansancio o a un mal estado de salud. Practicar en voz alta y realizar grabaciones durante la fase de preparación puede ayudar a vencer estas dificultades.

Volumen

Aunque el aula sea pequeña, se tiene que realizar el esfuerzo de hablar lo suficientemente alto para que todos los alumnos oigan las explicaciones y, a la vez, transmitir confianza. En general, el volumen se ajustará instintivamente cuando se compruebe dónde se sitúa la persona que se encuentra más alejada.

Entonación

El problema más frecuente, especialmente si se está cansado, es la monotonía, que no contribuye a captar la atención ni a motivar a los alumnos.

El interés que el formador muestre por el tema y una correcta preparación le hará destacar los puntos clave y jugar con la entonación de una forma adecuada a lo largo de toda la exposición.

Pronunciación

Los problemas se presentan especialmente cuando se está nervioso o se habla demasiado rápido. Se debe hacer un esfuerzo por articular todas las palabras de manera limpia y clara, abriendo la boca lo suficiente para pronunciar correctamente las sílabas, consonantes y vocales.

Velocidad

Una velocidad correcta puede ayudar a resolver problemas de pronunciación y de entonación. Se debe hablar a una velocidad normal o algo superior, para facilitar el mantenimiento de la atención. No obstante, si se está nervioso, se puede hablar con mayor lentitud para facilitar la respiración y relajarse. También se debe reducir la velocidad cuando se expliquen conceptos técnicos complejos o cuando se espere alguna respuesta por parte de los alumnos.

Recuerde

Los elementos que trata la Paralingüística son:

- El volumen.
- La entonación.
- La pronunciación.
- La velocidad.

Proyección física

Existen determinados factores que, sin que la persona diga ni haga nada, transmiten información y hacen referencia a la imagen física que esta persona proyecta.

Es fundamental que el formador transmita una imagen positiva para los alumnos. Se debe cuidar el aspecto externo y los artefactos que se usen, como los adornos y prendas de vestir. La manera adecuada de vestir depende de la situación y siempre debe estar en consonancia con lo que cada colectivo de alumnos espera del formador.

Ejemplo

Sería negativo vestir pieles para impartir un curso cuyo objetivo fuese desarrollar actitudes positivas hacia la protección del medio ambiente.

En cualquier caso, se debe llevar ropa que resulte cómoda, bien cuidada y no demasiado llamativa. A los adornos y al peinado se aplican las mismas reglas que al vestido.

Importante

Un objetivo fundamental del formador es dirigir la atención de los alumnos hacia el contenido que está desarrollando, nunca hacia su persona.

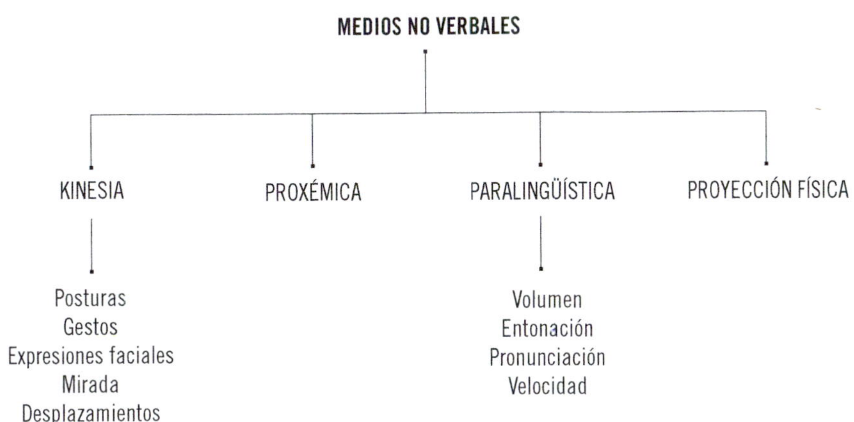

Finalmente, conviene recordar que si el formador observa atentamente la comunicación no verbal que expresan los alumnos, obtendrá una gran cantidad de información.

Hay numerosos signos no verbales que puede mostrar el alumno:

- **Atención:** posturas del cuerpo (inclinado hacia delante, hacia atrás...).
- **Necesidad de hablar:** movimientos sutiles de la boca, de la mano, etc.
- **Irritación:** movimiento de pies, manipulación de objetos sobre la mesa, etc.

- **Concentración:** tomar apuntes, mirar al docente, etc.
- **Cansancio:** cuerpo hundido, suspiros, etc.
- **Inercia:** silencios de todo el grupo, etc.
- **Desinterés:** cerrar el cuaderno, bostezar, mirar al vacío, etc.
- **Sorpresa:** levantar los brazos, abrir la boca, levantar las cejas, abrir los ojos, etc.

Si se observan estos elementos de forma atenta, se podrá obtener información sobre la comprensión del mensaje y el estado emocional de los alumnos, lo que será de gran utilidad para el formador durante el curso.

La comunicación no verbal aporta información al formador sobre los alumnos

5. Técnicas de secuenciación de contenidos

Una vez seleccionados los contenidos, hay que ordenarlos secuencialmente. La **secuenciación y estructuración de los contenidos** es el proceso que permite situarlos en una configuración que produce el máximo aprendizaje en el mínimo tiempo posible.

Algunas de las técnicas para la secuenciación de contenidos son las siguientes:

- Que los contenidos estén de acuerdo con los objetivos propuestos y con los plazos previstos para conseguirlos.

- Empezar por los contenidos más próximos y significativos para el alumno, para llegar poco a poco a lo desconocido. De esta manera, resultará más fácil introducir los nuevos contenidos.
- Ir de lo inmediato a lo remoto.
- Ir de lo concreto a lo abstracto.
- Ir de lo más fácil a lo más difícil. Esto motiva al alumnado porque le va mostrando los avances de manera rápida.

Las principales ventajas que este proceso conlleva son:

- Ayuda al participante a pasar de un conocimiento o habilidad a otro.
- Garantiza que los conocimientos y habilidades previas son alcanzados antes de introducir elementos nuevos.
- Reduce el tiempo de formación.
- Evita la confusión y los fallos en el participante.

Estos puntos son los principales aspectos a tener en cuenta cuando se realiza la presente fase de la programación de la formación, es decir, cuando se fijan los contenidos de la formación.

6. La selección y planificación de estrategias didácticas

Las personas que realizan un curso de formación son diversas, por ello es muy importante que las estrategias didácticas se adapten, de la mejor forma posible, al contexto y permitan una flexibilidad.

Definición

Estrategias didácticas
Son procedimientos que el formador emplea para facilitar el aprendizaje, con la intención de que éste sea significativo.

Tras la selección y estructuración de contenidos, llega el momento de decidir la modalidad de formación a seguir y la metodología a utilizar en su impartición. Pero esta decisión no se puede tomar arbitrariamente, sino que ha de basarse en unos criterios. Los criterios de decisión básicos para determinar qué estrategia y qué método de formación es el adecuado, son:

- La compatibilidad con los objetivos.
- Los principios generales del aprendizaje del adulto: individualización, motivación, utilidad, practicidad, intereses, etc.
- Los principios de rigor, realismo y participación.
- El carácter eminentemente aplicativo de los aprendizajes.
- La posibilidad de transferir los aprendizajes al puesto de trabajo.
- Los recursos disponibles, incluido el tiempo.
- Los factores relacionados con los participantes, como el estilo de aprendizaje, la edad, el tamaño del grupo, la motivación, etc.

Una vez escogido el método, se observa que ninguno es químicamente puro, sino que unos participan de otros. Por lo demás, todo método puede ser adecuado o inadecuado dependiendo del modo en que sea empleado.

Los formadores deben utilizar los métodos flexiblemente, de la forma que mejor se adapten al estilo de formación, a la materia y a los alumnos, complementando cada método con la técnica y recurso didáctico más acorde.

7. La selección y planificación de medios y recursos didácticos

Para realizar cualquier acción formativa, hace falta algo más que elegir y aplicar unos métodos y unas técnicas. Son necesarios los medios y recursos didácticos, que van a ayudar a desarrollar la metodología seleccionada en el aula. Los medios y recursos didácticos permiten el trasvase de información formador-alumno.

Definición

Medios didácticos
Son materiales elaborados para facilitar los procesos de enseñanza-aprendizaje.

Recursos didácticos
Son soportes mediante los cuales se presentan los contenidos del curso a los alumnos.

A la hora de escoger el medio o recurso a utilizar, se deben tener en cuenta los siguientes criterios:

- **Características de la materia o tema.** Dependiendo de la naturaleza de los contenidos, éstos pueden ser transmitidos por unos u otros métodos.
- **Los objetivos del curso.** Toda selección de medios y estrategias de enseñanza deben realizarse en función de éstos.
- **La disposición del aula y el número de alumnos.** Hay que tener cuidado, sobre todo en la visibilidad de alguno de los recursos, porque pueden perder eficacia.
- **Tiempo disponible para la formación.** Este elemento tiene que estar siempre presente, porque, en función del tiempo que se tenga, se elegirá lo que se adapte mejor a las necesidades.
- **Recursos disponibles,** ya que en algunas ocasiones están a nuestro alcance.
- **El uso que se haga de ellos,** cuál es la finalidad, qué es lo que se pretende y en qué momento se van a utilizar.
- **El nivel de conocimiento de los alumnos** sobre el tema.

Todos estos puntos se han de tener en cuenta a la hora de escoger un medio o recurso didáctico. La finalidad de éstos no es otra que la de fundamentar, apoyar y reforzar el acto formativo.

8. La planificación de la evaluación del proceso de enseñanza-aprendizaje

La aplicación de programas de formación lleva a la obtención de unos determinados resultados. Éstos serán los frutos de la formación y mostrarán el grado de eficacia y eficiencia con que se lleva a cabo la función formativa.

Los resultados indican el éxito de la formación mediante su contraste con los objetivos fijados anteriormente. Este procedimiento recibe el nombre de **evaluación,** proceso ampliamente conocido y con trascendencia reconocida para la formación. Según el proceso de evaluación aplicado, los resultados obtenidos serán reales y fiables, o bien, falseados.

Para que los resultados de la evaluación muestren con certeza el grado de éxito alcanzado con la formación, es necesario un requisito previo: el establecimiento de criterios de evaluación durante el proceso de planificación de la formación. Los criterios actúan como puntos de referencia, a partir de los cuales se valoran los resultados obtenidos.

Los criterios de evaluación han de fijarse con mucha atención, ya que determinan el proceso de evaluación, y éste juzga el grado de éxito de la función formativa.

El primer aspecto a tener en cuenta es la validez: los criterios de evaluación han de ser válidos en relación a los elementos del proceso formativo.

Los aspectos que determinan el grado de validez de los criterios de evaluación son:

- La relevancia.
- La no deficiencia.
- La no contaminación.
- Su fiabilidad.

El establecimiento de criterios válidos y fiables permitirá elaborar un proceso de evaluación de la formación que mida rigurosamente la eficacia y la eficiencia de la función formativa.

9. El seguimiento formativo

El seguimiento es un proceso continuo que sirve para evaluar la eficacia del uso de los recursos y para saber qué iniciativas se pueden emprender para mejorar el aprovechamiento de los recursos formativos.

El seguimiento, además de realizarse después de haber finalizado la planificación formativa, también se realiza antes de la acción.

9.1. Características

El seguimiento formativo permite evaluar los distintos componentes (desde los alumnos hasta todos los elementos que forman la programación) que intervienen en él durante todo el proceso de formación.

El seguimiento formativo se diferencia de la evaluación en que éste tiene que ver más con tareas organizativas, de coordinación, administrativas, etc.; sin embargo, la evaluación valora aspectos de los procesos de formación, como pueden ser la comunicación, el aprendizaje de los nuevos conocimientos, etc.

Con la realización adecuada de un seguimiento formativo:

- Se pueden **descubrir errores o desajustes** en el proceso de enseñanza-aprendizaje antes de que se realice la evaluación final para comprobarlos.
- Se pueden **corregir los errores** en el momento en el que se están produciendo.
- Además, **se detectan los aspectos positivos** que tienen lugar a lo largo de todo el proceso y las **posibles mejoras** que se pueden realizar.

El seguimiento formativo tiene que ser realizado por todas las personas que están implicadas en la realización de los cursos de formación (tutores, coordinadores, técnicos, etc.), por ello, el formador es una figura importante en el proceso de formación, ya que se encuentra implicado en él.

El proceso de formación debe estar planificado, pensado y planteado antes de que empiece la acción de formación, nunca debe llevarse a cabo de manera cerrada, sino que tiene que estar abierto a cualquier cambio que se considere necesario.

9.2. Finalidad

Son varias las finalidades que persigue el seguimiento formativo:

- Ayudar a comprender por qué ocurren algunas cosas y qué se puede hacer para intervenir en ese proceso que se está llevando a cabo.
- Identificar y solucionar los problemas que surgen a lo largo del proceso.
- Contribuir para elaborar planes de formación de manera objetiva, sin desviarse de la finalidad éste.
- Colaborar en la disminución y control del uso de los recursos materiales.
- Determinar el nivel que puede alcanzar el rendimiento y relacionarlo con el rendimiento actual.
- Diagnosticar y detectar problemas para llevar a cabo las acciones correctivas pertinentes.

9.3. Planificación

El seguimiento formativo debe planificarse antes y durante la acción formativa.

El objetivo de este seguimiento es comprobar la eficacia de la acción formativa antes de que ésta llegue a su fin, es decir, es necesario que durante este proceso todos los elementos que van a formar parte del aprendizaje estén planificados.

Los dos momentos que hay que tener en cuenta para planificar el seguimiento formativo son:

- **Antes de la acción formativa:** es necesario conocer las necesidades, el perfil del alumno, qué materiales, instrumentos, recursos, medios didácticos se van a usar.

- **Durante la acción formativa:** aquí el seguimiento se utiliza para comprobar los posibles errores y mejoras que se pueden llevar a cabo. Ofrece la posibilidad de poder modificar aquellas acciones o medios que dificultan el avance del aprendizaje.

10. Instrumentos para el seguimiento

A lo largo de un ciclo formativo pueden suceder errores y surgir problemas, esto abarca desde la identificación de necesidades hasta la planificación, el diseño, la implantación y la evaluación. Por todo esto, es importante saber cuál es la causa del problema y saber tomar las medidas oportunas para que no se origine nuevamente.

Para detectar el origen del problema, siempre se necesita una información determinada, ésta sólo se puede obtener mediante técnicas que ayuden a obtenerlas, es decir, que permitan recabar y analizar los datos obtenidos.

Para el seguimiento del proceso de enseñanza-aprendizaje, se pueden confeccionar diferentes tipos de instrumentos de evaluación, como pueden ser los cuestionarios y utilizar la observación directa, etc., si el tipo de formación lo permite (presencial o semipresencial). Estos instrumentos variarán según el tipo de datos que se quiera conseguir.

Un ejemplo de plantilla para recoger y analizar la información podría ser esta:

CURSO:		**1º Módulo**	**2º Módulo**	**3ºMódulo**
Objetivos del módulo	Suficiente			
	Insuficiente			
	Adecuado			
	Inadecuado			

Continúa en página siguiente >>

<< Viene de página anterior

CURSO:		**1º Módulo**	**2º Módulo**	**3ºMódulo**
Contenidos del módulo	Suficiente			
	Insuficiente			
	Adecuado			
	Inadecuado			
Metodología	Suficiente			
	Insuficiente			
	Adecuado			
	Inadecuado			
Actividades y recursos	Suficiente			
	Insuficiente			
	Adecuado			
	Inadecuado			
Recursos materiales	Suficiente			
	Insuficiente			
	Adecuado			
	Inadecuado			
Recursos humanos	Suficiente			
	Insuficiente			
	Adecuado			
	Inadecuado			
Proceso de evaluación	Suficiente			
	Insuficiente			
	Adecuado			
	Inadecuado			
Nivel de satisfacción del alumnado	Suficiente			
	Insuficiente			
	Adecuado			
	Inadecuado			

Para el seguimiento del aprendizaje, como la información que se obtiene es de diferente índole, se recogerá mediante la aplicación de las técnicas seleccionadas y elaboradas para la evaluación de cada uno de los aspectos planteados (observación directa de los trabajos, participación, cuestionarios acerca de la motivación y satisfacción del alumnado, etc.).

Por ejemplo, los contenidos que se podrían incluir en la "parrilla" de análisis son los siguientes:

CURSO		1er Módulo	2º Módulo	3er Módulo
Conceptos (comprende los contenidos conceptuales)	Con facilidad			
	Con normalidad			
	Con dificultad			
Procedimientos (aplica y desarrolla los contenidos procedimentales)	Con facilidad			
	Con normalidad			
	Con dificultad			
Actitudes (manifiesta las actitudes adecuadas a los contenidos)	Con facilidad			
	Con normalidad			
	Con dificultad			
Motivación y participación	Con facilidad			
	Con normalidad			
	Con dificultad			
Satisfacción del alumno	Con facilidad			
	Con normalidad			
	Con dificultad			

Dos de las herramientas básicas son:

- **Los diagramas de flujo:** éstos sirven para desglosar en forma de componentes, para presentar una clara imagen de lo que ocurre.
- **Los checklists:** éstos son especialmente útiles para garantizar que se han realizado todas las acciones necesarias. Es otro método de ayuda orientado a los formadores y participantes para preparar, utilizar y solucionar los problemas del equipamiento.

Otros métodos de seguimiento y control que pueden ayudar en la formación son:

- Las reuniones formales e informales.
- Pasar un informe de las sesiones, cuestionarios de satisfacción o formularios de evaluación del curso.
- Entrevistas de evaluación.

Recuerde

Algunos de los instrumentos de seguimiento más utilizados son:

- Cuestionario de satisfacción
- Cuestionario de motivación
- Observación directa
- Reuniones formales e informales
- Entrevistas de evaluación

11. Metodología de la evaluación del diseño de formación

Los métodos empleados en la evaluación siempre suelen son los mismos, independientemente de que se evalúen los objetivos, los contenidos, los recursos, etc. A pesar de esto, hay que tener en cuenta que no se deben utilizar todos los métodos que se van a nombrar, sino que todo dependerá de lo que se esté evaluando.

Los métodos más frecuentes son:

- Observación sistemática.
- Observación mediante observadores externos o internos del grupo.
- Análisis de trabajo.
- Entrevistas personales.
- Situaciones de simulaciones.

- Diálogos, debates.
- Cuestionarios específicos.
- Inventarios.
- Grabaciones en vídeo.
- Etc.

11.1. Evaluación de los objetivos

Cuando se diseña el programa formativo, se deben concretar los objetivos que serán objeto de evaluación al finalizar el curso, para comprobar si éstos se han alcanzado o no.

Los objetivos marcan aquellos aspectos claves que debe adquirir el alumno para alcanzar unas competencias determinadas. Éstos determinarán lo que el alumno será capaz de saber y saber hacer al acabar el curso, en unas condiciones dadas y con unos medios determinados.

Si, al finalizar el curso, se observa que los objetivos no se han cumplido en su totalidad, hay que analizar cuál ha sido la causa de este error y corregirlos. Si se han cumplido los objetivos, habrá que determinar los motivos de éxito, para volver a ponerlos en práctica en futuros cursos.

Los objetivos marcados al inicio de la formación sirven para:

- Dirigir la formación, es decir, saber hacia dónde se quiere llegar con ésta.
- Comprobar qué se ha logrado.
- Facilitar la evaluación, ya que se sabe cuáles son los objetivos que hay que evaluar.
- Reorientar la formación en el mismo momento que se está realizando.
- Elegir los métodos más adecuados para la formación.

La evaluación de los objetivos debe medirse atendiendo a:

- **Objetivos generales:** son utilizados para saber cuáles son las competencias generales.
- **Objetivos específicos:** parten de los objetivos generales.

- **Objetivos operativos:** son derivados de los específicos. Son objetivos más concretos y siempre deben estar relacionados con actividades u operaciones determinadas. Son los más fáciles de medir.

Ejemplo

Objetivos específicos para evaluar un curso de primeros auxilios:

- Aprender los conceptos básicos y generales de los primeros auxilios.
- Adquirir las habilidades y aplicar los principios de actuación para poder reaccionar adecuadamente en situaciones de urgencia.
- Conocer los aspectos jurídicos relacionados.

11.2. Evaluación de los contenidos

La evaluación de los contenidos se realizará para comprobar si los objetivos que se habían marcado al principio de la formación se han logrado, así como para eliminar aquellos contenidos que no aportan nada al curso.

Se debe tener siempre en cuenta que se puede lograr un mismo objetivo de formación utilizando diversos contenidos.

Para evaluar los contenidos, hay que comprobar si se ha seguido una secuencia lógica a la hora de impartirlos. Esta secuencia permite que los contenidos sean adquiridos por los alumnos de una manera más significativa, es decir, facilita el aprendizaje de los mismos.

Para que la evaluación de los contenidos resulte positiva, éstos deben ir expuestos:

- De acuerdo con los objetivos propuestos y con los plazos previstos para conseguirlos.
- De lo conocido a lo desconocido.

- De lo inmediato a lo remoto.
- De lo concreto a lo abstracto.
- De lo fácil a lo difícil.

Otro aspecto a tener en cuenta para que la evaluación de los contenidos sea positiva, es que éstos se deben estructurar adecuadamente, por ejemplo, mediante módulos, unidades didácticas, etc. Éstas tienen que abarcar los conocimientos, las habilidades y las actitudes que capacitan al alumno para poner en práctica las funciones que desempeñará en su puesto de trabajo. Por lo general, se pueden constituir equivalencias entre objetivos generales y cursos, objetivos específicos y módulos, unidades didácticas, etc. así como entre objetivos operativos y sesión formativa,.

Ejemplo

Siguiendo el ejemplo anterior de primeros auxilios, los contenidos que se evaluarán para comprobar si se han logrado o no los objetivos anteriormente propuestos, son:

- Primeros auxilios: conceptos generales.
- Soporte vital básico (reanimación cardio-pulmonar)-adultos.
- Soporte vital básico-niños.
- Soporte vital instrumental.
- Traumatismos osteoarticulares. Inmovilizaciones (vendajes y férulas improvisadas).
- Movilización de urgencia y posiciones de espera.
- Traumatismos craneales y vertebro-medulares.
- Otras situaciones de emergencia.

11.3. Evaluación de la metodología

La evaluación de la metodología consiste en comprobar que los métodos que se han utilizado son los adecuados para lograr los objetivos formativos, aunque éstos deben ser flexibles a la hora de utilizarlos, ya que deben adaptarse a la materia tratada, a los alumnos, a los recursos disponibles, etc.

Para conseguir que la evaluación de la metodología sea positiva, se deben tener en cuenta las características que se emplean para definir un método. Éstas pueden ser:

- Presentar y mostrar la problemática del tema para que, a través de la reflexión y el esfuerzo, el alumno pueda resolverla.
- Respetar tanto la libertad de expresión como de creación.
- Las actividades que están destinadas al alumno tienen que ser dirigidas por el formador para que el alumno reflexione y participe.
- Motivar al alumno, relacionando los temas con sus intereses, motivaciones y necesidades.
- Organizar los nuevos aprendizajes para que se integren con los ya adquiridos.
- Tener en cuenta las limitaciones y las posibilidades que tiene cada alumno.
- Dar lugar a la acción individualizada a través de tareas que requieran planteamientos y acciones individualizadas.

11.4. Evaluación de actividades y recursos

Las **actividades** son unos elementos que acompañan a los contenidos formativos, ya que éstas refuerzan los contenidos que son expuestos por el formador. Siempre debe existir coordinación entre ambos, para esto se deben seleccionar adecuadamente tanto los métodos como las técnicas.

Para evaluar las diversas actividades que se han desarrollado, hay que formular una serie de preguntas para saber si las actividades han sido eficaces o han fallado en su ejecución. Algunas de estas preguntas pueden ser:

- ¿Qué ha hecho el alumno?
- ¿Ha sabido aplicar los conocimientos necesarios para lograr resolver las actividades?
- ¿Valora y comprende la finalidad de la actividad?
- ¿Ha mostrado interés en la realización de la misma?
- ¿Qué ha aprendido?
- ¿Han sido válidas las actividades?

- ¿Cuáles han fallado? ¿Por qué?
- ¿Se han alcanzado los objetivos?
- Etc.

Junto con las actividades, los recursos también tienen que ser evaluados, ya que de ellos va a depender en cierta manera la eficacia de las actividades. Por eso, en la evaluación de los recursos hay que tener en cuenta la eficacia de aquellos que se han utilizado y cuáles son los que se hubieran necesitado para desarrollar el curso.

Se pueden distinguir varios criterios para evaluar la eficacia de los recursos:

- Su calidad, porque actúa como mediador entre la realidad y la estructura cognitiva del alumno.
- El contexto metodológico, ya que todo va a depender de la metodología usada por el formador.
- Los propios alumnos, sus motivaciones, intereses, etc.
- La experiencia del formador en el manejo de los diversos recursos, sus habilidades, etc.

También es necesario tener en cuenta qué evaluar de los recursos:

- La rentabilidad de éstos.
- El aprovechamiento para distintas finalidades.
- El mantenimiento.
- La actualización, deben adaptarse a las nuevas tecnologías.
- La adecuación al proceso de enseñanza-aprendizaje.
- Posibilitar la acción, estimular y responder a las curiosidades presentes en el alumnado.

11.5. Evaluación del formador

La figura del formador es muy importante a lo largo de todo el proceso formativo, ya que, en cierta manera, el éxito o el fracaso de la formación recae sobre él, por lo tanto, es imprescindible conocer previamente a la persona que va a impartir un curso.

El formador es el mediador entre los contenidos y los alumnos, por lo que debe evaluarse de forma continua y a lo largo de todo el proceso de enseñanza-aprendizaje, así como al final del proceso, momento en que se comprobará si los métodos y estrategias que ha diseñado y utilizado han sido los adecuados, introduciendo posibles modificaciones para las prácticas futuras.

La evaluación del formador se puede realizar desde varias vertientes, en cada una de ellas se evalúan aspectos diferentes, pero todas persiguen el mismo fin, que es fomentar la calidad de la formación.

Evaluación realizada por los alumnos

Los alumnos pueden evaluar aspectos como la relación del formador con los alumnos, la organización de las sesiones, el control de clase, la efectividad de la enseñanza, etc.

En la siguiente tabla se muestra un cuestionario a modo de ejemplo:

Marque la opción que más se adecúe a las características que prevalecieron a lo largo del curso
1. Las oportunidades que tuve para realizar preguntas en clase fueron: a. Frecuentes b. Regulares c. Escasas d. Muy escasas
2. El interés que mostró el formador respecto a los alumnos fue: a. Satisfactorio b. Regular c. Poco d. Muy pobre
3. El clima existente en el aula fue: a. Bueno b. Regular c. Tenso d. Malo

Continúa en página siguiente >>

<< Viene de página anterior

Marque la opción que más se adecúe a las características que prevalecieron a lo largo del curso

4. En la prueba final se evaluaban los contenidos dados a lo largo del curso:
   a. Sí
   b. No

5. El material presentado en el curso fue:
   a. Original
   b. Poco original
   c. Nada original

6. Las actividades que realicé para asimilar los contenidos fueron:
   a. Útiles
   b. Regulares
   c. Pobres
   d. Inútiles

7. El contenido marcado para el curso se expuso en su totalidad:
   a. Sí
   b. No

8. El grupo de alumnos afectó a mi aprendizaje:
   a. De manera positiva
   b. De manera negativa
   c. No me afectó

9. El material audiovisual me pareció:
   a. Atractivo
   b. Regular
   c. Inadecuado

10. Los procesos, problemas y soluciones experimentados en el trabajo en grupo fueron:
    a. Bien planteados
    b. Regular planteados
    c. Mal planteados

11. Las exposiciones por parte del docente me parecieron:
    a. Buenas
    b. Regulares
    c. Malas

Continúa en página siguiente >>

<< Viene de página anterior

Marque la opción que más se adecúe a las características que prevalecieron a lo largo del curso
12. La actuación del profesor durante el curso evidenció: a. Un elevado conocimiento de la materia b. Un mediano conocimiento c. Un escaso conocimiento
13. El profesor supo controlar las conductas perturbadoras sucedidas a lo largo del curso de forma: a. Eficaz b. Regular c. Ineficaz
14. El ritmo que siguió el profesor al exponer los contenidos me pareció: a. Muy bueno b. Satisfactorio c. Monótono
15. La secuencia de presentación de los contenidos del curso fue: a. Lógica b. Regular c. Arbitraria
16. La actuación del profesor despertó interés y motivación: a. Muchas veces b. Algunas veces c. Pocas veces d. Ninguna vez

Evaluación realizada por el propio formador

En esta evaluación, el formador va a evaluar la preparación del curso, el desarrollo del mismo, y también realizará una evaluación propia de su actuación como formador.

En la siguiente tabla se muestra un cuestionario a modo de ejemplo:

Marque la opción que más se adecúe a las características que prevalecieron a lo largo del curso

A. PREPARACIÓN DEL CURSO

1. ¿Cómo ha sido el tiempo con el que ha contado?
   a. Suficiente
   b. Insuficiente

¿Por qué? ______________________________

2. ¿Cómo considera la distribución de las sesiones del curso?
   a. Adecuadas
   b. Inadecuadas

¿Por qué? ______________________________

3. ¿Ha dispuesto de las guías didácticas del curso?
   a. Sí
   b. No

¿Por qué? ______________________________

4. ¿Ha dispuesto de los recursos necesarios para la preparación de sus sesiones?
   a. Sí
   b. No

¿Cuáles le han hecho falta? ______________________________

5. Teniendo en cuenta su nivel de formación, ¿ha necesitado apoyo por parte de la dirección del curso?
   a. Sí
   b. No

¿Cómo ha sido el apoyo? ______________________________

B. DESARROLLO DEL CURSO

6. ¿El desarrollo de las sesiones (distribución y tiempo) se ha correspondido con la planificación prevista?
   a. Sí
   b. No

7. ¿La metodología utilizada para el desarrollo de las sesiones ha propiciado la participación e implicación del alumnado?
   a. Sí
   b. No

¿Por qué? ______________________________

Continúa en página siguiente >>

<< Viene de página anterior

Marque la opción que más se adecúe a las características que prevalecieron a lo largo de curso

8. ¿Considera que el clima del curso ha sido el adecuado?
   a. Sí
   b. No

¿Por qué? ____

9. ¿El contexto donde se ha desarrollado el curso ha sido adecuado y oportuno?
   a. Sí
   b. No

¿Por qué? ____

10. ¿Ha conseguido los objetivos propuestos?
   a. Sí
   b. No

¿Por qué? ____

C. AUTOEVALUACIÓN

11. Evalúe de 1 a 4 los siguientes apartados relacionados con su intervención como formador, donde:
   1. Considero imprescindible mejorar mi formación en este aspecto.
   2. Considero necesario mejorar mi formación en este aspecto.
   3. Cuento con recursos necesarios para el desarrollo ajustado del curso, pero podría encontrar dificultades si éste cambia el rumbo prefijado.
   4. Mi formación al respecto es adecuada y dispongo de recursos suficientes para el desarrollo óptimo del curso.

	1	2	3	4
Dominio de los contenidos				
Metodología/didáctica empleada				
Comunicación con el alumnado				
Trabajo en equipo				

D. AMPLIACIÓN

Puede anotar a continuación cualquier aportación que desee realizar y no haya sido considerada en este cuestionario.

____

____

11.6. Tipos de evaluación

Existen diferentes tipos de evaluación, cada una se aplicará atendiendo a diferentes criterios.

Según su finalidad o función de la evaluación

Diagnóstica

Esta evaluación, como su nombre indica, tiene un carácter diagnóstico, ya que permite que se conozcan las potencialidades del alumno. De esta manera, la actividad didáctica se dirige de forma más efectiva.

Formativa

Se utiliza como estrategia para mejorar y ajustar los procesos formativos en el momento que se están llevando a cabo, para alcanzar las metas y los objetivos marcados. La evaluación formativa es aplicable a la evaluación de procesos.

Sumativa

Se aplica a la evaluación de productos terminados, es decir, se sitúa concretamente cuando finaliza un proceso, cuando éste se considera acabado. Su propósito es determinar el grado en que se han conseguido los objetivos establecidos, para evaluar de forma positiva o negativa el resultado. Esta evaluación permite tomar medidas tanto a medio como a largo plazo.

Según el momento de aplicación de la evaluación

Inicial

Se produce al principio del proceso de enseñanza-aprendizaje. La función que tiene la evaluación inicial es identificar el nivel de conocimientos que tienen los alumnos que inician un curso y, de esta manera, comprobar si los alumnos cuentan con los conocimientos necesarios para comenzarlo, y determinar si es posible impartirlo de acuerdo al programa formativo o si se requiere alguna modificación.

Procesual

La evaluación procesual se basa en valorar, de forma continua, el aprendizaje de los alumnos y la enseñanza del profesor, a través de la recogida sistemática de datos, toma de decisiones, etc.

La evaluación procesual es totalmente formativa, ya que, al favorecer la recogida continua de datos, permite tomar decisiones en el mismo momento que se considere necesario.

Los resultados que se obtienen forman la base permanente para el formador a la hora de programar las actividades diarias, así como para establecer las actividades y los procedimientos más apropiados. De esta manera, se evitan las dificultades que se puedan producir en los aprendizajes que se están llevando a cabo. La finalidad de todo esto es evitar errores y vacíos en los aprendizajes posteriores.

Final

La evaluación final es aquella que se realiza al finalizar la formación, por lo tanto ésta recoge y valora los resultados obtenidos a lo largo de un periodo formativo.

Según su extensión

Global

Tiene en cuenta todos los elementos y procesos que guardan relación con todo lo que es objeto de evaluación. Por ejemplo, si se trata de evaluar el proceso de aprendizaje de los alumnos, esta evaluación se centra en todas las áreas en general, pero sobre todo en los diversos tipos de contenidos de enseñanza (conceptos, procedimientos, valores, normas, etc.).

Parcial

Esta evaluación no se realiza de manera global, sino que se lleva a cabo por partes, es decir, evalúa los componentes que más interesan.

Según los agentes que realizan la evaluación

Autoevaluación o evaluación interna

Es el proceso sistemático mediante el cual una persona o grupo examina y valora sus procedimientos, comportamientos y resultados, para identificar qué quiere corregir o modificar en él. La evaluación interna muestra que los alumnos están más motivados a la hora de realizar una tarea difícil. La puesta en práctica de la autoevaluación no conlleva que el profesorado abandone sus funciones, sino que implica una concepción diferente de la enseñanza.

La autoevaluación ofrece al estudiante ayuda para descubrir sus necesidades, cantidad y calidad de su aprendizaje, causas de sus problemas, dificultades y éxitos en el estudio. De esta manera, el alumno puede conocerse de manera más concreta.

Heteroevaluación o evaluación externa

La evaluación externa es realizada o llevada a cabo por otra persona que no es el protagonista del aprendizaje. En esta evaluación, lo más frecuente es que el profesor evalúe al alumno.

TIPOS DE EVALUACIÓN	
Según su finalidad o función	- Diagnóstica - Formativa - Sumativa

Continúa en página siguiente >>

<< Viene de página anterior

TIPOS DE EVALUACIÓN	
Según su momento de aplicación	- Inicial - Procesual - Final
Según su extensión	- Global - Parcial
Según los agentes que la realizan	- Autoevaluación o evaluación interna - Heteroevaluación o evaluación externa

Bloque 2

Solucionarios de ejercicios de repaso y autoevaluación

Contenido

1. Aplicación de los Sistemas Alternativos y aumentativos de comunicación
2. Utilización de las técnicas de movilidad en desplazamientos internos por el centro educativo del ACNEE
3. Aplicación de los programas de habilidades de autonomía personal y social del alumnado con necesidades educativas especiales
4. Actividades complementarias y de descanso del alumnado con necesidades educativas especiales
5. Programas de autonomía e higiene en el aseo personal del ACNEE
6. Programas de actividad lúdica en el recreo
7. Programas de autonomía e higiene personal, a realizar en el comedor escolar con un ACNEE
8. Programas de adquisición de hábitos de alimentación y autonomía de un ACNEE que se realizan en un comedor escolar

Solucionario 1

Aplicación de los sistemas alternativos y aumentativos de comunicación

Solucionario Capítulo 1

1. **¿Qué características cognitivas debe poseer el niño para poder establecer un sistema de comunicación?**

    a. **Atención, nivel de inteligencia, contacto ocular.**
    b. Psicomotricidad fina y gruesa, intención comunicativa.
    c. **Imitación, percepción visual.**
    d. **Orientación espacio-temporal, lenguaje receptivo.**

2. **De las siguientes afirmaciones, diga cuál es verdadera o falsa.**

    a. Los sistemas alternativos de comunicación son aquellos que complementan el lenguaje oral.

    ☑ **Verdadero**
    ☐ Falso

    b. Para el uso del sistema Bliss, no es necesario un entrenamiento previo.

    ☐ Verdadero
    ☑ **Falso**

    c. La palabra complementada es un sistema de comunicación sin ayuda.

    ☑ **Verdadero**
    ☐ Falso

    d. El PECS no requiere de la capacidad de imitación por parte del niño para su utilización.

    ☐ Verdadero
    ☑ **Falso**

    e. El Bliss requiere de contacto ocular sobre la tarea.

    ☑ **Verdadero**
    ☐ Falso

3. Escriba las características que tienen la comunicación con ayuda y la comunicación sin ayuda.

Comunicación con ayuda:

- No es necesario que exista un buen control motriz.
- No hay inmediatez comunicativa.

Comunicación sin ayuda:

- La persona que lo emplee no debe tener problemas en la motricidad.
- El receptor y el emisor deben conocer el sistema empleado.
- Comunicación fluida.

4. ¿Qué sistema es el más apropiado para el siguiente caso? Justifique la respuesta:

- Es un niño de 6 años con parálisis cerebral que le afecta a la movilidad.
- Tiene dificultades para la expresión oral.
- Presenta un nivel de comprensión aceptable.

El sistema más apropiado para este caso es un sistema de comunicación alternativo con ayuda, ya que presenta dificultades en la movilidad.

Al presentar un nivel de comprensión aceptable, se pueden proponer dos tipos de sistemas: el Bliss y el SPC.

Sería más conveniente el SPC, ya que las imágenes son más sencillas de comprender y el aprendizaje es mucho más fluido.

5. Busque en la sopa de letras el nombre de todos los sistemas de comunicación estudiados en el capítulo.

A	K	U	Y	T	G	V	**P**	O	O	I	U	Y	G	B	V	**S**	N
L	K	L	L	U	H	U	**A**	B	B	H	B	V	F	R	F	**I**	O
G	T	F	V	R	T	U	**L**	N	J	K	I	I	T	E	A	**S**	B
G	J	B	A	U	Y	H	**A**	J	Y	U	P	A	L	A	Y	**T**	T
R	G	C	O	M	P	L	**B**	Y	R	T	S	S	C	**B**	P	**E**	P
B	I	O	L	O	U	Y	**R**	T	R	E	D	W	Q	**L**	G	**M**	I
E	N	G	V	V	G	Y	**A**	Y	J	N	V	J	U	**I**	J	**A**	J
T	Y	U	I	O	**S**	**P**	**C**	O	I	U	Y	T	R	**S**	A	**B**	O
R	H	O	V	I	K	I	**O**	J	J	H	H	Y	Y	**S**	Y	**I**	Y
Y	G	B	I	O	O	V	**M**	V	G	Y	U	J	K	L	O	**M**	P
W	E	R	T	Y	U	U	**P**	E	C	S	I	O	P	P	P	**O**	K
X	C	V	B	N	M	M	**L**	M	K	J	H	G	F	D	S	**D**	Y
L	**E**	**N**	**G**	**U**	**A**	**D**	**E**	**S**	**I**	**G**	**N**	**O**	**S**	U	U	**A**	O
W	E	R	T	Y	U	I	**M**	O	P	L	K	J	J	H	M	**L**	K
S	D	F	G	H	J	K	**E**	L	Ñ	L	M	N	B	V	C	C	P
M	K	I	U	J	N	B	**N**	B	H	Y	G	T	F	R	E	D	E
A	W	S	X	**D**	**A**	**C**	**T**	**I**	**L**	**O**	**L**	**O**	**G**	**I**	**C**	**O**	F
S	D	F	F	F	G	G	**A**	J	U	I	I	O	L	J	U	Y	H
W	S	X	C	V	B	N	**D**	N	J	I	K	I	O	L	P	Ñ	O
W	S	A	Z	X	C	F	**A**	B	G	H	J	U	I	K	I	O	P

6. **¿Qué diferencia fundamental hay entre el sistema Bliss y el SPC?**

La diferencia fundamental entre estos dos sistemas es que los símbolos del sistema Bliss son más abstractos que los del SPC, por lo que requiere un nivel más alto de abstracción.

7. **Relacione los siguientes símbolos con su categoría de significado.**

8. **Complete el siguiente dibujo con las consonantes y vocales.**

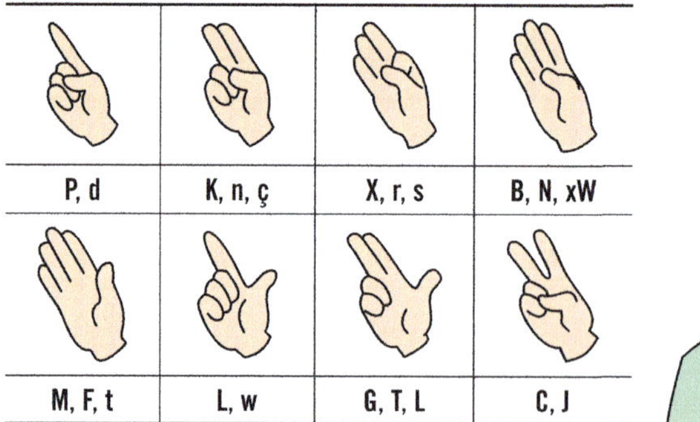

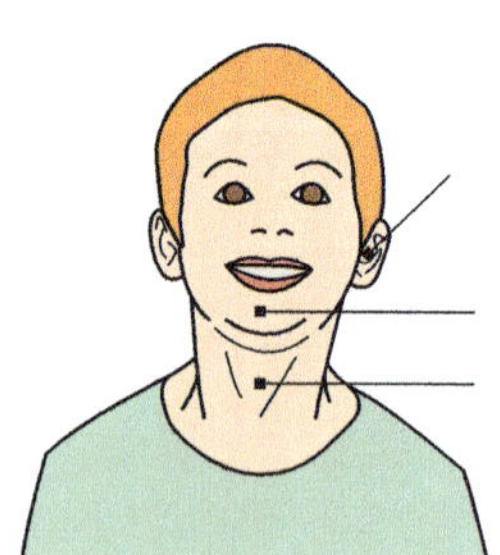

9. Ponga en orden las fases que hay que seguir en el aprendizaje del PECS.

1. Intercambio físico.
2. Desarrollo de I.
3. Diferenciar fotografías.
4. Formular oraciones.
5. Responder a la pregunta "¿Qué quieres?"

10. Ordene las siguientes palabras.

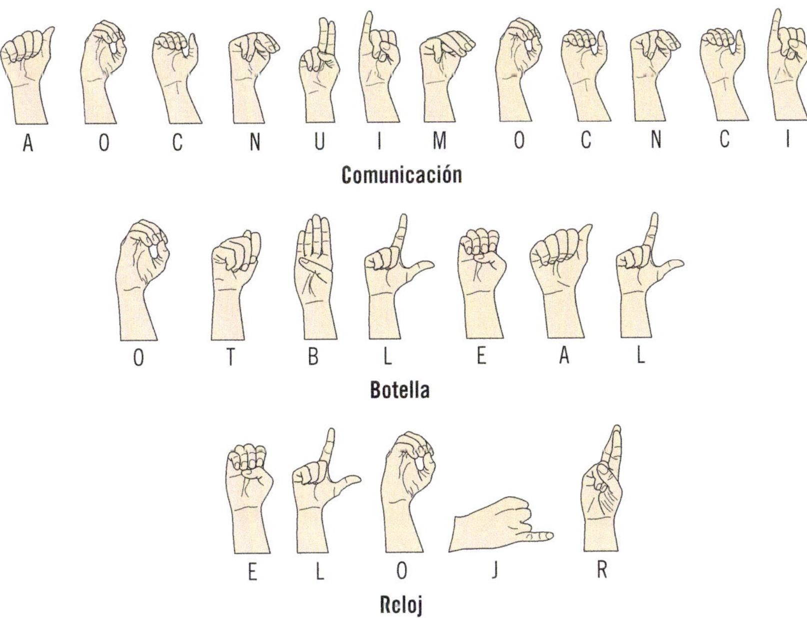

11. ¿A qué tipo de sistema se refiere esta definición? Sistema de comunicación aumentativo que se emplea en niños que presentan dificultades auditivas y que utilizan como forma de comunicación el sistema oral.

Palabra complementada.

12. ¿Cuáles son los parámetros formacionales de la lengua de signos?

- Configuración de la mano.
- Lugar donde se realiza el signo.
- Movimiento de la mano.
- Dirección del movimiento.
- Expresión facial.

13. Complete el siguiente esquema.

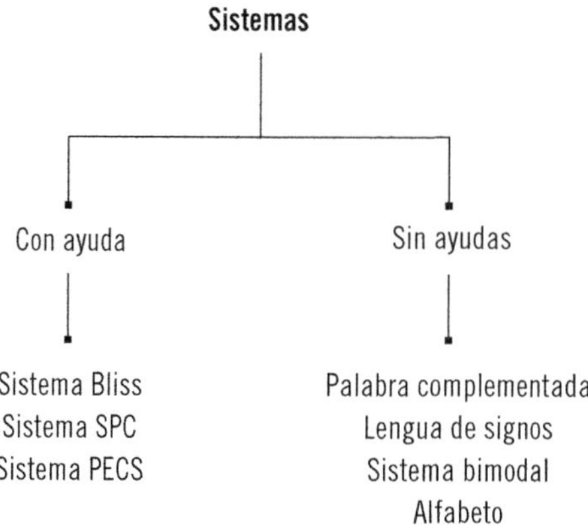

14. ¿Cuáles de los siguientes requisitos debe poseer un niño para utilizar el sistema Bliss?

- **Contacto ocular.**
- No hace falta que exista intención comunicativa.
- **Lenguaje comprensivo.**
- Vocabulario limitado.
- **Percepción auditiva y visual.**
- Bajo nivel de abstracción.

15. Relacione cada uno de los signos que se utilizan en la lengua de signos con su significado.

a. Signos motivados.
b. Signos intermedios.
c. Signos arbitrarios.

c. No presentan relación con lo que representan.
a. Presentan relación con el referente al que hacen referencia.
b. Son de origen dactilológico.

Solucionario Capítulo 2

1. **¿Qué métodos de anticipación se pueden utilizar para el ACNEE?**

   a. **Rutinas, claves visuales, organización del espacio y secuencias temporales.**
   b. Rutinas, claves visuales, secuencias temporales.
   c. Rutinas, claves visuales y organización del espacio.
   d. Todas las opciones son incorrectas.

2. **¿Qué objetivos se persiguen cuando se trabaja con claves visuales?**

   - Comprender lo que significan los pictogramas.
   - Establecer secuencias ayudándose de claves visuales.
   - Comprender el mundo que les rodea.
   - Entretener.

3. **De las siguientes afirmaciones, diga cuál es verdadera o falsa.**

   a. Todos los lugares del centro escolar deben estar claramente delimitados y diferenciados.

      ☑ **Verdadero**
      ☐ Falso

   b. Las agendas pueden ser diarias y semanales únicamente.

      ☐ Verdadero
      ☑ **Falso**

   c. Es necesario que cada día de la semana se represente con un color.

      ☑ **Verdadero**
      ☐ Falso

d. En los horarios, se pondrán solamente las actividades que se realizan a diario.

☐ Verdadero
☑ **Falso**

e. Hay que darle al niño toda la información necesaria, cuanta más mejor.

☐ Verdadero
☑ **Falso**

4. En función del nivel de abstracción que posea el alumno, ¿cómo pueden ser las agendas?

- Agendas de objetos reales.
- Agendas de fotografías.
- Agendas de pictogramas.
- Agendas escritas.

5. ¿Qué tipo de agenda sería más conveniente para un niño con buen nivel de abstracción pero que no conoce la escritura?

En este caso, sería muy recomendable realizar agendas de pictogramas.

6. Relacione las imágenes con el tipo de agenda al que hacen referencia.

Agenda de pictogramas

Agenda de objetos reales

Agenda de palabras escritas

Agenda de fotografías

7. ¿Cuáles son las finalidades que poseen los horarios en el ACNEE?

- Saber en cada momento las actividades que se van a realizar.
- Anticipar tanto las actividades como el material que el alumno necesita para su realización.
- Asimilar el concepto de horario.
- Detrás de una actividad que para el alumno sea desagradable debe haber otra que sea satisfactoria para él, y el niño debe ser consciente de ello a través del horario.

8. ¿Cuáles de los siguientes recursos se emplean para estructurar los horarios?

a. **Agendas de trabajo, calendario del mes.**
b. Secuencias temporales, organización del tiempo de trabajo en los rincones.
c. **Conocer el día de la semana, tiempo empleado para la realización de actividades.**
d. Historias sociales y rutinas.
e. **Organización del tiempo en los rincones.**

9. ¿Qué son las actividades centrales del día?

Las actividades centrales del día son aquellas que se realizan siempre el mismo día y que se representan del mismo color con el que se representa el día de la semana al que corresponden.

10. ¿A qué hace referencia esta definición? Cuentos cortos que describen objetivamente a personas, lugares, acontecimientos y conceptos o situaciones sociales, siguiendo un contenido y formato específico.

A las historias sociales.

11. ¿Qué aspectos hay que tener en cuenta a la hora de elaborar los horarios?

- La realidad con la que se representen los conceptos.
- Comenzar con pocas actividades y poco a poco ir introduciendo más.
- El horario debe estar adaptado a las características de los niños.

12. **¿Para qué sirve una agenda de sesión de actividades?**

Estas agendas se utilizan para señalar las diferentes actividades que hay que realizar dentro de una misma actividad.

13. **Ponga en orden los pasos que hay que seguir en la administración de alimentos.**

5. Dirigirse al panel donde está el menú del día.
6. Leer el menú: "Hoy martes comeremos de primero garbanzos, de segundo sanjacobo con verdura y de postre un plátano."
3. Poner la mesa utilizando su propio salvamantel, que tiene dibujada la silueta de los diferentes utensilios que hay que usar.
2. Dirigirse al rincón del almuerzo.
4. El alumno coge los materiales de la estantería, que vendrán señalados con el pictograma correspondiente.
1. El niño comprueba en su agenda que es la hora del almuerzo.

14. **Señale las estrategias metodológicas que hay que utilizar con el ACNEE.**

a. Aprendizaje por descubrimiento.
b. El proceso de enseñanza-aprendizaje debe basarse en los intereses y motivaciones del niño.
c. Reforzar positiva y negativamente.
d. Aprendizaje por ensayo y error.
e. Lenguaje claro y conciso.
f. No utilizar el emparejado o clasificación de objetos.

15. **¿Cuál es el objetivo fundamental de las agendas? ¿Qué hay que hacer para conseguirlo?**

El objetivo fundamental de las agendas de trabajo es conseguir la independencia y la autonomía del alumno.

Para alcanzar este objetivo, hay que conseguir que el niño se dirija por sí solo a la agenda de trabajo una vez que haya terminado la actividad, para saber qué actividad viene a continuación. Las actividades que vayan finalizando se marcarán con una X, se taparán con algún tipo de papel o se colocarán en una caja destinada a actividades finalizadas.

Solucionario 2

Utilización de las técnicas de movilidad en desplazamientos internos por el centro educativo del ACNEE

Solucionario Capítulo 1

1. **¿Cuáles son las estructuras de coordinación de los colegios públicos?**

   El equipo de orientación y el equipo técnico de coordinación pedagógica.

2. **Nombre los tipos de reuniones que se deben llevar a cabo para coordinar la llegada/ salida de los ACNEE del centro educativo.**

   - Reuniones semanales del equipo de nivel.
   - Reuniones semanales con los profesores especialistas.
   - Reuniones diarias.
   - Intercambio de información diaria con el responsable del transporte o familiar que entrega o recoge al ACNEE del centro.

3. **Relacione los tipos de registro de información con el contenido que debe reflejarse en ellos.**

Definición
Foto, nombre completo, personas/familiares/ responsables de la recogida del centro, número de contacto, horario lectivo y datos de interés.
Donde debe quedar registrada la fecha, hora de llegada y de salida, acompañamiento y el nombre del profesional que anota la información.
Fecha, hora y momento de la incidencia, naturaleza de la misma, resolución y nombre del profesional que anota la información.
En caso de existir, fecha, hora de la incidencia, naturaleza de la misma, resolución y nombre del profesional que la anota.

Tipo de registro
Registro de incidencias en el transporte.
Registro de información personal del alumnado.
Registro de llegada y salida del centro educativo.
Registro de incidencias en la llegada y la salida del centro educativo.

4. **¿Qué se debe determinar en el plan de comunicación e información interna?**

   Reuniones y protocolos de recogida de información.

5. **Nombre las legislaciones educativas españolas donde se ha visto el desarrollo del concepto de NEE y ACNEE.**

   LOGSE: Ley Orgánica 1/1990, de 3 de octubre, de Ordenación General del Sistema Educativo.

   LOE: Ley Orgánica 2/2006, de 3 de mayo, de Educación.

   LOMCE: Ley Orgánica 8/2013, de 9 de diciembre, para la mejora de la calidad educativa.

   LOMLOE: Ley Orgánica 3/2020, de 29 de diciembre, por la que se modifica la Ley Orgánica 2/2006, de 3 de mayo, de Educación.

6. **Diga si la siguiente frase en verdadera o falsa: La LOE 2/2006 de 3 de mayo introdujo al ordenamiento jurídico el concepto de "alumnado con necesidades educativas especiales".**

   Falsa, fue la LOGSE.

7. **Complete la frase.**

   El alumnado con necesidades específicas de apoyo educativo precisa una atención educativa **diferente** a la ordinaria, por presentar **necesidades educativas especiales,** por retraso madurativo, por trastornos del desarrollo del **lenguaje** y la comunicación, por trastornos de atención o de aprendizaje, por desconocimiento grave de la lengua de aprendizaje, por encontrarse en situación **de vulnerabilidad educativa,** por sus altas capacidades intelectuales, por haberse incorporado tarde al sistema educativo o por **condiciones personales o de historia personal.**

8. **Los ACNEE son alumnos que...**

   a. ... presentan alteraciones funcionales y altas capacidades intelectuales.
   b. **... presentan discapacidad o trastornos graves de conducta, de la comunicación y del lenguaje.**

c. presentan discapacidades sensoriales, físicas, psíquicas, trastornos de conducta o personalidad, integración tardía en el sistema educativo español, trastornos del lenguaje y comunicación o pluridefìciencias.
d. ... presentan muchas dificultades.

9. ¿Cuáles son los ámbitos de las NEE de los alumnos con autismo?

Ámbito lingüístico-comunicativo, socioafectivo y cognitivo.

10. ¿Cuáles son los instrumentos de evaluación para los alumnos con NEE derivadas de TGD?

Inventario de conductas adaptativas, test de desarrollo psicomotor de Lezine y escala Weshler.

11. ¿Qué son los apoyos?

Son las ayudas que presta el medio escolar para facilitar el desarrollo personal social y emocional del alumnado en todos los momentos del proceso de enseñanza/aprendizaje.

12. Indique qué tipo de apoyos serían los siguiente ejemplos

a. Un tutor observa a su alumno con NEE durante la subida de las escaleras: **supervisión.**
b. Un profesor proporciona un leve apoyo a su alumno con NEE para que pueda incorporarse en la silla: **físico parcial.**
c. Un profesor coloca en la puerta de cada aula una foto del tutor: **visual.**
d. Un profesor indica a su alumno por medio de instrucciones verbales cómo llegar a la clase: **verbal.**

13. ¿Por quién debe ir siempre acompañado el ACNEE en los trayectos de entrada y salida del aula al inicio y al finalizar la jornada escolar?

Por el tutor.

14. ¿Qué deben potenciar las AATT y las técnicas de movilidad?

a. La autonomía.
b. La facilitación.
c. La segregación.
d. La sectorización.

15. Relacione los siguientes elementos.

a. Supervisión.
b. Apoyo verbal y gestual.
c. Apoyo físico completo.

c. Transferencia de un alumno de la silla de ruedas a la camilla sin ayuda del alumno.
a. Acompañar a un alumno a coger el transporte escolar.
b. Indicar con la palabra y el patrón de movimiento adecuado a un alumno que se ponga la mochila.

Solucionario Capítulo 2

1. **Defina qué son las ayudas técnicas.**

   Las ayudas técnicas son materiales, equipos, tecnologías, software y productos fabricados especialmente para compensar, disminuir o eliminar limitaciones propias de las alteraciones físicas, psíquicas o cognitivas del sujeto, o de las restricciones específicas de cada actividad.

2. **Se excluye de ayudas técnicas...**

   a. ... *GoTalk* y productos de apoyo a la comunicación.
   b. ... medicamentos y utensilios utilizados solo en ámbito sanitario.
   c. ... las sillas de ruedas.
   d. Las opciones a y b son correctas.

3. **Las sillas de ruedas siempre son propulsadas por asistentes.**

   ☐ Verdadero
   ☑ **Falso**

4. **Nombre y describa los métodos de aplicación estandarizados de las ayudas técnicas.**

MÉTODOS DE APLICACIÓN
MUSA/IBV: método para la selección de ayudas técnicas en base a la usabilidad.
QUEST *(Quebec user evaluation of satisfaction with technology)*: es un cuestionario cuyo objetivo principal es el análisis de la satisfacción de los usuarios con su ayuda técnica. Consta de 12 apartados donde se evalúa la satisfacción con la ayuda técnica y con los servicios relacionados mediante una escala del 1 al 5. Permite calcular la satisfacción parcial de la ayuda técnica y del servicio y la satisfacción global. Además, permite seleccionar los tres criterios más importantes para el usuario.

Continúa en página siguiente >>

<< Viene de página anterior

MÉTODOS DE APLICACIÓN
PIADS *(psychosocial impact of assistive devices scale):* el objetivo de esta escala es medir el impacto de las ayudas técnicas en sus usuarios mediante tres subescalas de capacidad, adaptabilidad y autoestima. Se compone de 26 ítems que son valorados con una escala desde –3 a +3.
EUSAT *(empowering users through assistive technology):* dispone de un manual para los usuarios de ayudas técnicas donde se establece la forma de detectar los problemas con las ayudas técnicas y la validación mediante una serie de 12 preguntas.
COMP: es una medida para detectar problemas en terapia ocupacional y para evaluar los cambios tras una intervención.

5. Clasifique los que pertenecen al área de movilidad y los que pertenecen a otras áreas: esquema corporal, ritmo y movimiento, lenguaje oral, movilidad del cuerpo en el espacio, habilidades matemáticas y velocidad.

ÁREAS DE MOVILIDAD	OTRAS ÁREAS
Esquema corporal Ritmo y movimiento Movilidad del cuerpo en el espacio velocidad	Lenguaje oral Habilidades matemáticas

6. Describa las orientaciones metodológicas generales de la programación individual.

- Estructuración y significatividad del ambiente de trabajo.
- Adaptación de las actividades al nivel individual para evitar la frustración del alumnado.
- Apoyo visual y gestual en las explicaciones orales.
- Adaptación de tiempos.
- Ergonomización del movimiento.
- Facilitar los desplazamientos adecuando el espacio.
- Facilitar las ayudas técnicas necesarias.

7. Nombre los recursos materiales que se pueden encontrar en la escuela para apoyar y facilitar la realización de actividades.

Las adaptaciones o recursos en el edificio, los materiales facilitadores de la actividad o compensatorios, los materiales de adaptación del mobiliario y el material didáctico.

8. Los diarios de clase son:

a. Documentos donde recoger incidencias utilizados por los docentes.
b. Documentos donde recoger cotilleos de la clase.
c. Instrumentos de rasgos de conducta.
d. Todas las opciones son incorrectas.

9. ¿Cuáles son los registros mínimos que se deben llevar a cabo con alumnos con problemas de movilidad y desplazamiento en los instrumentos de registro?

- ¿Cómo se desplaza el niño?
- ¿Cómo manipula?
- ¿Cómo se comunica?
- ¿Puede permanecer sentado? ¿Requerirá adaptaciones en su mobiliario escolar?
- ¿Controla esfínteres? ¿Tiene crisis convulsivas? ¿Tiene otras deficiencias asociadas?

10. Las técnicas de deambulación y desplazamiento habituales son:

a. Andar, trotar y cabalgar.
b. Andar, cabalgar y correr.
c. Andar, trotar y saltar.
d. Andar, trotar y correr.

11. ¿De qué es acrónimo la norma DALCO?

Deambulación, aprehensión, localización y comunicación.

12. ¿Cuáles son los objetivos que se pretenden con la adaptación de la silla escolar?

Aportar comodidad, confort, equilibrio y evitar posturas incorrectas.

13. Las aulas docentes de infantil deben tener un mínimo de superficie de 4 m^2 por alumno.

☐ Verdadero
☑ **Falso**

14. ¿Que se considera zona común en las escuelas?

Las zonas comunes deben considerarse desde la llegada al centro, debiendo este disponer en su entrada principal un espacio reservado para los vehículos que transportan a las personas con movilidad reducida, hasta el interior del centro, elementos comunicación, circulación, zonas administrativas, aseos y otros servicios.

15. La superficie de un aseo en recinto educativo debe ser de...

a. ... 2 m^2.
b. ... 18 m^2.
c. ... 12 m^2.
d. Todas las opciones son incorrectas.

Solucionario Capítulo 3

1. **Nombre tres principales afectaciones o patologías de tipo motórico que derivan en alteraciones del movimiento.**

   Parálisis cerebral, daño cerebral adquirido y espina bífida.

2. **Describa las principales necesidades en la etapa educativa de integración a la vida adulta y las etapas educativas superiores.**

   - Integración en la comunidad a nivel prelaboral y laboral.
   - Acceso a los programas formativos superiores adaptados a sus capacidades, cognitivas, físicas y psicológicas. (pedagogía terapéutica y otros profesionales).
   - Entrenamiento en autonomía e independencia para la vida adulta.
   - Intervención de profesionales si así se requiere (fisioterapeuta y terapeuta ocupacional) para adecuar la movilidad y la autonomía a un nuevo estado de independencia personal.
   - Acceso a los recursos comunitarios.

3. **¿Qué son las barreras arquitectónicas?**

   a. Son aquellos facilitadores o impedimentos que impiden o dificultan el movimiento, el acceso y la circulación de las personas que presentan una movilidad reducida.
   b. Son aquellos obstáculos o impedimentos que impiden o dificultan el movimiento, el acceso y la circulación de las personas que presentan una movilidad reducida.
   c. Son los escalones y las rampas inclinadas.
   d. Son los problemas de acceso del alumno por culpa de sus capacidades.

4. **Busque cuatro tipos de barreras arquitectónicas.**

R	E	B	O	R	D	E
H	S	O	S	Q	E	P
R	C	R	B	B	S	C
O	A	D	C	I	N	S
J	L	I	A	R	I	L
M	O	L	R	R	V	O
E	N	L	G	H	E	L
S	N	O	I	A	L	L

5. **De las siguientes afirmaciones, indique cuál es verdadera o falsa.**

a. La anchura máxima de un pasillo es de 0,50 m.

☐ Verdadero
☑ **Falso**

b. La circunferencia trazada para el cambio de sentido en un pasillo debe tener amplitud de 1,50 m.

☑ **Verdadero**
☐ Falso

c. Se evitarán desniveles en el pavimento que no estén resueltos con rampas o planos inclinados.

☑ **Verdadero**
☐ Falso

d. Las puertas deben tener como mínimo una anchura de 9 m.

☐ Verdadero
☑ **Falso**

6. **Complete el siguiente texto.**

Los pictogramas pueden ser una ayuda para la **identificación** de estancia y un apoyo en las explicaciones para asegurar que los alumnos **comprenden el mensaje.** Además, los pictogramas conforman **un sistema** llamado SPC, **sistema pictográfico de comunicación,** que forma parte de los sistemas alternativos y aumentativos de comunicación, que se utilizan como medida para facilitar o dotar de **comunicación propositiva** al ACNEE con dificultades en la producción o comprensión del lenguaje oral y escrito.

7. **Nombre las dependencias generales del centro educativo.**

Aula ordinaria, aula de apoyo, despachos y salas de profesores, aulas específicas, aseos y zonas comunes (gimnasio, vestuarios, comedor).

8. **Complete el siguiente texto.**

La escuela actual tiene por **principio universal** que debe ser accesible para todos, por lo que los desplazamientos dentro del mismo deben ser posibles para todo el alumnado, facilitando los **espacios transitables y utilizables** de forma completa; no puede limitarse a un solo espacio **adaptado,** sino que todo el **centro** debe ser **accesible.**

9. **¿Qué tres ejes fundamentales tienen los programas individuales de autonomía que contemplan el desplazamiento en el centro escolar?**

a. Capacidades del alumno y entrenamiento de las mismas.
b. La capacitación del entorno.
c. Adaptación de espacios y material: AATT (ayudas técnicas).
d. Tipos de desplazamiento, acompañamientos y pautas de movilización.

10. **Describa los tipos de desplazamientos en relación al espacio que se transita.**

- La llegada al centro: cuando existe el recurso, los alumnos llegan al centro en el transporte escolar, que suele ser adaptado y que debe disponer en la entrada principal un aparcamiento adecuado para este tipo de vehículo. El alumno baja del transporte y es recogido por la persona tutora o el personal auxiliar y se dirigen al interior del centro.

- Acceso al edificio: donde suelen aparecer rampas o elevadores si hay desnivel; la puerta de entrada debe tener suficiente anchura para maniobrar con una silla de ruedas o un dispositivo similar.
- Desplazamientos en el interior del centro: con posibilidad de acompañamiento. Los desplazamientos más comunes son los que se producen entre aulas, del aula a la entrada, del aula al aseo o del aula al patio de recreo. Se deben contemplar, entre otras, los traslados entre las siguientes estancias:

  a. Pasillos, escaleras, rampas y ascensores.
  b. Zonas administrativas.
  c. Aulas.
  d. Aseos.
  e. Zonas de recreo.

- Espacio entre edificios: es un espacio que debe ser accesible, al igual que el interior del colegio, y ser exclusivo en su uso para el mismo.
- Interior de las aulas: la organización del material y el mobiliario dentro de la misma es esencial para facilitar el movimiento y potenciar la ergonomía del mismo, evitando esfuerzos innecesarios y accidentes.

11. Los tres tipos de desplazamiento con mayor relación al movimiento del alumno en el espacio son:

a. Transferencia en la posición, desplazamiento horizontal y desplazamiento vertical.
b. Transferencia en la posición, desplazamiento horizontal y desplazamiento vértigo.
c. Transferencia de la posición, desplazamiento horizontal y desplazamiento vertical.
d. De la silla, andando por el pasillo y subiendo en ascensor.

12. Defina esta imagen. ¿Qué representa?

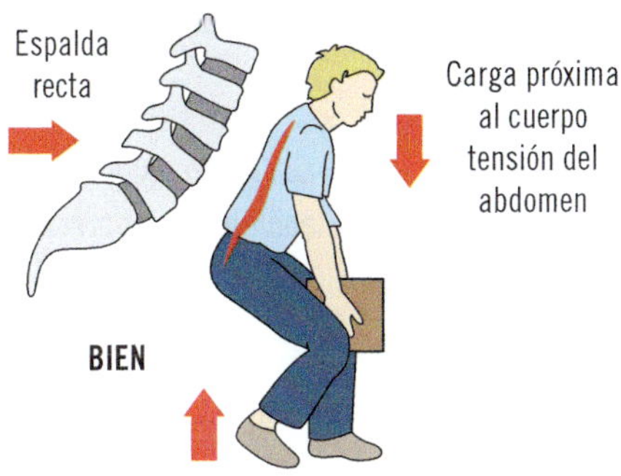

Pies levemente separados, rodillas semiflexionadas, glúteos en tensión

Esta postura es errónea, la espalda está soportando todo el peso, y corre riesgo alto de lesión

Los principios posturales básicos consisten en utilizar los músculos del MMII para no sobrecargar la espalda en caso de levantamiento o carga de peso, siempre con los pies separados para aumentar la base de sustentación, la espalda recta, las rodillas ligeramente flexionas, un pie un poco más avanzado que el otro, con contracción de abdomen y glúteos para descargar musculatura de la espalda y acercar la carga al cuerpo y al centro de gravedad. Siempre hay que aprovechar la gravedad y no trabajar en contra.

13. ¿Qué representa este organigrama?

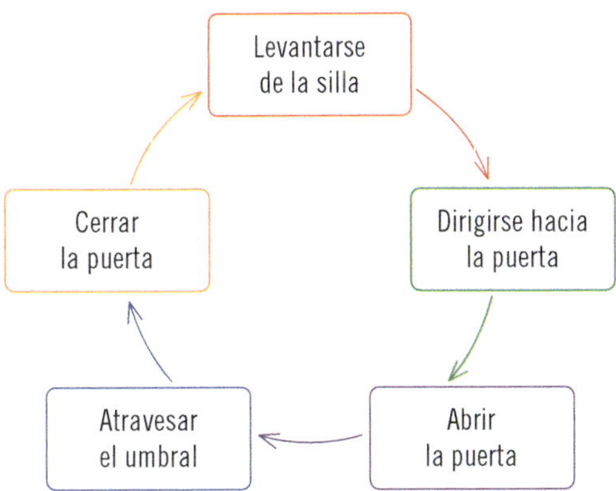

La secuenciación de la actividad o encadenamiento de tareas propias de los programas de retirada de ayudas y encadenamiento.

14. Nombre los programas de retirada de ayudas más frecuentes en la educación.

Retirada de ayuda gradual y encadenamientos

15. ¿Qué tres grados de dependencia se establecen según la Ley 39/2006, de 14 de diciembre, de Promoción de la Autonomía Personal y Atención a las personas en situación de dependencia?

Grado I: dependencia moderada: personas que requieren ayuda para llevar a cabo varias actividades básicas de la vida diaria, al menos una vez al día.

Grado II: dependencia severa: personas que necesitan apoyo para llevar a cabo varias actividades básicas de la vida diaria dos o tres veces al día, pero que no requieren el apoyo permanente de un cuidador.

Grado III: gran dependencia: personas que necesitan ayuda para realizar varias actividades básicas de la vida diaria varias veces al día y, por su pérdida total de autonomía, necesitan el apoyo indispensable y continuo de otra persona.

Solucionario 3

Aplicación de los programas de habilidades de autonomía personal y social del ACNEE

Solucionario Capítulo 1

1. **De las siguientes frases, indique cuál es verdadera o falsa.**

   a. Las habilidades de autonomía no son imprescindibles para ejercer nuestra libertad.

   ☐ Verdadero
   ☑ **Falso**

   b. En la mayoría de los casos, estas habilidades se aprenden de forma automática.

   ☑ **Verdadero**
   ☐ Falso

   c. En ocasiones, con el alumnado con necesidades educativas especiales, es necesario enseñarlas de forma explícita.

   ☑ **Verdadero**
   ☐ Falso

   d. Podemos clasificarlas en distintas áreas.

   ☑ **Verdadero**
   ☐ Falso

2. **Complete la siguiente frase.**

   Se entiende por alumnado que presenta necesidades educativas **especiales,** aquel que requiera, por un periodo de su escolarización o a lo largo de toda ella, determinados **apoyos** y **atenciones educativas específicas** derivadas de **discapacidad** o **trastornos graves de conducta.**

3. Enumere las áreas en las que dividimos las habilidades de autonomía.

1. Autocuidado
2. Autodirección
3. Comunicación
4. Habilidades académicas funcionales
5. Habilidades sociales
6. Ocio y tiempo libre
7. Salud y seguridad personal
8. Trabajo
9. Utilización de la comunidad
10. Vida en el hogar

4. Relacione los siguientes elementos.

a. Evaluación inicial
b. Evaluación continua
c. Evaluación final

b. Con esta evaluación reflexionamos a lo largo de todo el proceso.
c. Para conocer si hemos alcanzado los objetivos.
a. A través de ella podemos conocer las características del alumnado.

5. ¿Cuál es la definición de la zona de desarrollo próximo de Vigotsky?

La zona de desarrollo próximo hace referencia a la distancia que hay entre lo que el alumno o alumna es capaz de hacer por sí solo y lo que puede hacer con ayuda de un mediador más experto, que puede ser el maestro o maestro u otro compañero o compañera.

6. Ordene los siguientes elementos:

1. Diseño
4. Evaluación
2. Planificación
3. Ejecución

7. **Enumere los agentes que pueden participar en la planificación de un programa de habilidades para la autonomía personal y social.**

- Familia o tutores legales.
- Profesorado, tanto específico como general.
- Monitores y monitoras de educación u otro personal de atención educativa complementaria.
- Los profesionales encargados de la orientación, tanto del centro como externos.
- Otros que pudieran estar implicados en el proceso educativo.

8. **¿Qué aspectos debemos tener en cuenta en la planificación de las actividades complementarias?**

1. Justificación
2. Duración
3. Relación con el currículo
4. Objetivos
5. Contenidos
6. Educación en valores
7. Evaluación
8. Alumnado
9. Descripción
10. Financiación
11. Coordinación

9. **Complete la siguiente definición.**

El término diversidad funcional, ha sido creado para ir dejando atrás términos como **discapacidad** o **minusvalía,** y se ajusta a una realidad en la que la persona funciona de manera **diferente** o **diversa** a la mayoría de la sociedad. Dicho término fue acuñado por el Foro de Vida Independiente y Diversidad (2005), que lo definió como "la **diferencia** de funcionamiento de una persona al realizar las **tareas habituales** (desplazarse, leer, agarrar, ir al baño, comunicarse, relacionarse, etc.) de manera **diferente** a la mayoría de la población.

10. De las siguientes frases indique cuál es verdadera o falsa.

a. Las actividades que llevemos a cabo deben ser lo más funcionales posible.

☑ **Verdadero**
☐ Falso

b. No debemos utilizar el aprendizaje sin error.

☐ Verdadero
☑ **Falso**

c. Se debe partir siempre de las habilidades previas del alumnado.

☑ **Verdadero**
☐ Falso

11. Indique cuál de estos aspectos no debemos tenerlos en cuenta en la planificación de un programa para alumnado con diversidad funcional por limitaciones en la movilidad.

a. Accesibilidad del centro.
b. Ayudas técnicas.
c. Sonorización.
d. Necesidad o no de un sistema aumentativo o alternativo de comunicación.

12. Relacione los siguientes elementos.

a. Coordinación vertical
b. Coordinación horizontal

b. Esta hace referencia a la coordinación entre profesionales del mismo nivel educativo.
a. La coordinación entre profesionales de distintos nivel educativo.

13. Enumere los objetivos que podemos alcanzar a través de la evaluación.

- Conocer al alumnado al que va dirigido el programa.
- Conocer si hemos alcanzado los objetivos propuestos.
- Reflexionar sobre todo el proceso.

14. ¿En qué dos apartados podemos clasificar las técnicas de modificación de conducta?

- Técnicas para implementar una determinada conducta.
- Técnicas para que una conducta desaparezca.

15. Ordene los pasos a seguir en la implementación de una técnica de modificación de conducta.

a. 1
b. 2
c. 3

2. Aplicación
3. Registro
1. Observación

Solucionario Capítulo 2

1. **De las siguientes frases, indique cuál es verdadera o falsa.**

   a. El informe Warnock fue elaborado en 1980.

   ☐ Verdadero
   ☑ **Falso**

   b. La primera vez que en España se introdujo el concepto de necesidades educativas especiales en la legislación fue con la Ley Orgánica 1/1990, de 3 de octubre, de Ordenación General del Sistema Educativo (LOGSE).

   ☑ **Verdadero**
   ☐ Falso

   c. El aprendizaje es un proceso por el cual se adquieren conocimientos y destrezas, y que necesita de la enseñanza para poder desarrollarse con éxito.

   ☑ **Verdadero**
   ☐ Falso

   d. La enseñanza es el proceso por el que se instruye para lograr alcanzar el conocimiento.

   ☑ **Verdadero**
   ☐ Falso

2. **Complete la siguiente oración.**

   La discapacidad intelectual definida por Schalock (2007) "se caracteriza por **limitaciones** significativas en el funcionamiento **intelectual** y en la **conducta adaptativa,** expresada en las habilidades adaptativas **conceptuales, sociales** y **prácticas**".

3. **Enumere las características del proceso de enseñanza-aprendizaje del alumnado con diversidad funcional por limitaciones en el funcionamiento cognitivo.**

- Tendencia a un locus de control externo.
- Alta expectativa de fallo que lleva a la indefensión aprendida.
- Fuerte dependencia de orientaciones externas. (Estilo hetero-dirigido).

4. **Complete la siguiente tabla.**

Material para la estimulación sensorial	Material para la psicomotricidad	Material para la estimulación cognitiva y sensorial
Columnas de vidrio luminosas	Colchonetas	Tableros figuras geométricas
Móviles musicales	Piscinas de bolas	Juegos de ensartar
Paneles luminosos	Xilófonos	

5. **¿Qué aspectos hay que tener en cuenta para la realización de actividades con el alumnado con diversidad funcional por limitaciones en el funcionamiento cognitivo?**

- Las actividades deben tener distintos grados de dificultad.
- Para la consecución de un objetivo se deben programar actividades diversas y que puedan ejecutarse de distinta manera.
- Podemos utilizar actividades individuales pero también en pequeño grupo y gran grupo.

6. **Enumere los cuatro modelos metodológicos fundamentales para trabajar con el alumnado con diversidad funcional por limitaciones en el funcionamiento cognitivo.**

- Modelo ecológico y funcional con una programación por entornos.
- Modelo de estimulación multisensorial.
- La enseñanza de habilidades comunicativas y sociales.
- El tratamiento de las conductas problemáticas como conductas desafiantes.

7. ¿Qué estrategias metodológicas se deben tener en cuenta con el alumnado con diversidad funcional por limitaciones en la visión?

- El carácter analítico de la exploración táctil conlleva un ritmo de aprendizaje más lento.
- El aprendizaje vivencial, por medio de experiencias, es muy importante.
- La ausencia de imitación cultural hace que haya que guiarles físicamente en muchos aprendizajes.
- Deben aprovechar lo máximo posible el resto visual que poseen.
- Deben seleccionarse las actividades que sean representativas de los aprendizajes que debe realizar.
- Se debe partir de lo concreto y de lo particular hasta llegar a lo global y general.

8. Complete la pirámide con los niveles de concreción curricular.

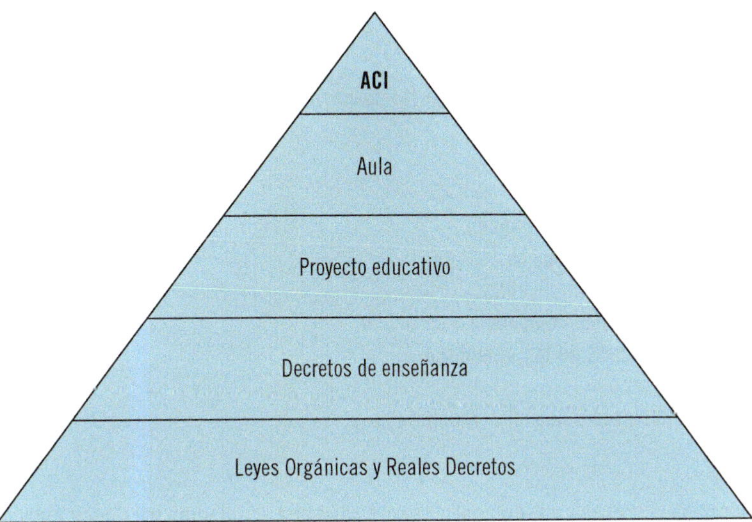

9. Complete la siguiente definición.

Se entiende por adaptación curricular individual los ajustes o **modificaciones** que se realizan sobre los elementos de **acceso** o sobre los elementos propiamente **curriculares** del currículo de un alumno. Constituye el nivel **máximo** de **concreción** del currículo.

10. De las siguientes frases indique cuál es verdadera o falsa.

a. La adaptación curricular individual tiene como función básica establecer un nexo lógico de unión entre los resultados del proceso de valoración de las necesidades y la toma de decisiones.

☑ **Verdadero**
☐ Falso

b. Busca que el alumnado acceda a entornos cada vez menos restrictivos.

☑ **Verdadero**
☐ Falso

c. No busca retirar los recursos más específicos de forma gradual.

☐ Verdadero
☑ **Falso**

11. Indique cuál de estos aspectos no forma parte de una adaptación curricular individualizada.

a. Datos personales.
b. Historial del alumnado.
c. Datos académicos.
d. Personas implicadas.
e. Evaluación competencia curricular.
f. Servicios de la comunidad.
g. Horario.
h. Recursos personales y materiales.

12. Describa el proceso a seguir para llevar a cabo una adaptación curricular individual:

- El tutor identifica al alumnado con dificultades.
- Se analizan los factores que pueden estar generándolas.
- El profesor realizará las modificaciones oportunas.
- Tras un periodo de intervención se evalúan el proceso y los resultados. Si esta es positiva, no es preciso elaborar la adaptación.
- Si fuese negativa, se realiza una nueva valoración.

- Si después de estas dos revisiones no se obtienen resultados positivos, se evalúa psicopedagógicamente.
- Por último será el especialista de Educación Especial el encargado de su realización.

13. ¿Qué programas se pueden utilizar con el alumnado con trastornos graves de conducta?

- Programa de relajación.
- Programas conductuales.
- Programas dirigidos a la autorreflexión sobre su comportamiento.
- Programa de desarrollo de las funciones ejecutivas y del razonamiento.
- Programas de desarrollo afectivo-emocional.
- Programas de mejora de la autoestima y autoconcepto.

14. Indique qué grupo de alumnado no está dentro del concepto de necesidades educativas especiales.

a. Diversidad funcional por limitaciones en la visión.
b. Dificultades de aprendizaje.
c. Diversidad funcional por limitaciones en el funcionamiento cognitivo.
d. Diversidad funcional por limitaciones en la movilidad.

15. Defina los siguientes conceptos.

Aprendizaje sin error:

Se trata de asegurar que el alumnado realice la actividad correctamente para evitar la frustración.

Modelado:

El alumnado imita la conducta de un modelo.

Moldeamiento:

Se divide la tarea en pequeños pasos y se le van enseñando poco a poco de manera que no se produzcan errores.

Solucionario Capítulo 3

1. **¿Cuál de los siguientes no es un enfoque de coordinación?**

   a. Preventivo
   b. Directivo
   c. Regulador
   d. Generador

2. **Nombre y describa los distintos tipos de reuniones.**

   - Informativas. El objetivo es transmitir algún tipo de información al profesorado. Se comunica esta información y se resuelven las dudas que puedan surgir.
   - Consultivo-deliberativas. El objetivo es analizar propuestas que plantee el centro. Se hace la propuesta y se establecen los aspectos a favor y en contra.
   - Formativas. El objetivo es crear opiniones y transmitir ideas con la finalidad de formar al profesorado en un determinado aspecto.
   - Decisorias. En estas reuniones se pretende tomar una decisión sobre algún aspecto de forma consensuada.

3. **Relacione:**

   a. 20-40 miembros.
   b. 3-7 miembros.
   c. Más de 40.
   d. 8-20 miembros.

   b. Reuniones de pequeño grupo.
   d. Reuniones de grupo mediano.
   a. Gran grupo.
   c. Asamblea.

4. Describa las distintas fases de una reunión.

- El análisis y estudio de su necesidad. No se deben hacer reuniones sin estar seguros y seguras de que es importante llevarlas a cabo. Para ello se deberán plantear los objetivos que se quieren alcanzar y planificarlas adecuadamente.
- La fase de preparación. En las reuniones siempre es necesario tener uno o varios responsables que se encarguen de prepararla. Son importantes las condiciones materiales, establecer el día y hora, tener en cuenta las posibles dificultades que puedan aparecer y tener claro el objetivo.
- El inicio de la reunión. Cómo se inicia la reunión también es un aspecto importante, cómo se recibe a los asistentes, las presentaciones, etc.
- El desarrollo de la reunión. A lo largo de la misma se debe seguir el guion establecido para alcanzar los objetivos propuestos, así como respetar los turnos de palabra.
- El final de la reunión. No debe terminarse la reunión sin alcanzar los objetivos de la misma y sin repartir las responsabilidades si se ha encomendado una tarea.
- El seguimiento. Una vez finalizada la reunión se debe establecer un seguimiento para comprobar si se cumplen los objetivos.

5. De las siguientes frases, indique cuál es verdadera o falsa.

a. No es necesario que haya comunicación con todos los profesionales sino con los más cercanos.

☐ Verdadero
☑ **Falso**

b. La confianza es una de las "C" para el éxito del trabajo en equipo.

☑ **Verdadero**
☐ Falso

c. El trabajo en equipo exige un alto grado de compromiso.

☑ **Verdadero**
☐ Falso

d. Si todos los miembros del equipo son expertos en el mismo tema la eficacia es mayor.

- ☐ Verdadero
- ☑ **Falso**

6. Complete la siguiente oración.

Corresponde a las administraciones educativas regular el funcionamiento de los órganos de **coordinación** docente y de orientación y potenciar los equipos de profesores que impartan clase en el mismo curso, así como la colaboración y el **trabajo en equipo** de los profesores que impartan clase a un mismo **grupo** de alumnos.

7. ¿Cuántas etapas educativas tiene nuestro sistema educativo en la enseñanza obligatoria?

- Etapa de educación primaria.
- Etapa de educación secundaria obligatoria.

8. Enumere las actitudes y habilidades específicas que deben tener profesores y profesoras para que exista una buena colaboración con la familia según Rodríguez de la Mota:

- Respeto, sinceridad, honradez y realismo en cuanto a las posibilidades de los niños y de los padres.
- Empatía y entusiasmo.
- Habilidad para escuchar.
- Enfatizar los rasgos positivos de las familias y de los sujetos con NEE.
- Admitir que no se sabe todo.
- Hacer las colaboraciones lo más agradables posible.
- Asegurar la confidencialidad.
- Saber dar apoyo, ayudar a tomar decisiones y resolver problemas, etc.

9. Relacione los tipos de circulares con su definición:

a. Van a servir para pedir la colaboración de las familias en alguna actividad.
b. Solo se utilizan para informar de algún aspecto como dar a conocer una actividad.
c. Se utilizan para informar de alguna norma, para aconsejar algún tipo de actuación, etc.

b. Comunicativa.
c. Prescriptiva.
a. Participativa.

10. Enumere los niveles de concreción curricular.

- Leyes orgánicas y reales decretos.
- Decretos de enseñanza.
- Proyecto educativo.
- Programación de aula.
- Adaptación curricular individual.

11. ¿Cuáles de estos principios no se tienen en cuenta cuando se elabora una adaptación curricular?

a. Principio de normalización
b. Principio de significatividad
c. Principio de realidad
d. Principio de relatividad
e. Principio de participación

12. Describa el proceso a seguir para la elaboración de adaptaciones curriculares de acceso.

- Se detecta que el alumno o alumna en concreto presenta algún tipo de dificultad para acceder al currículo.
- Se evalúan estas dificultades y se determinan sus necesidades.
- Se lleva a cabo la provisión de los recursos que necesite el alumno o alumna.

13. ¿Qué es el Plan de Atención a la Diversidad?

El Plan de Atención a la Diversidad puede ser definido como el conjunto de actuaciones organizativas, apoyos y refuerzos que se diseñan y se implementan para proporcionar a todo el alumnado una respuesta educativa ajustada a sus necesidades.

14. Indique qué profesionales están implicados en la elaboración del Plan de Atención a la Diversidad.

- Tutor o tutora.
- Especialista en pedagogía terapéutica y audición y lenguaje.
- Profesorado de compensación educativa.
- Resto del profesorado.
- Equipo de orientación educativa y psicopedagógica.

15. De las siguientes frases indique cuál es verdadera o falsa.

a. El refuerzo educativo es una medida ordinaria de atención a la diversidad.

☑ **Verdadero**
☐ Falso

b. Las medidas extraordinarias son las primeras que se llevan a cabo.

☐ Verdadero
☑ **Falso**

c. Mejorar las habilidades sociales no es una medida de atención a la diversidad.

☐ Verdadero
☑ **Falso**

Solucionario 4

Actividades complementarias y de descanso del alumnado con necesidades educativas especiales

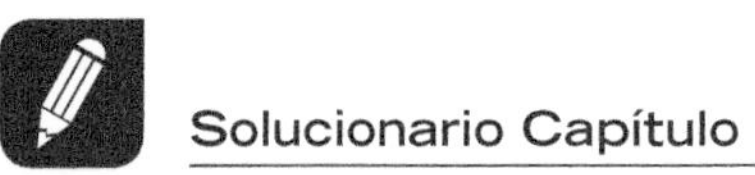

Solucionario Capítulo 1

1. **Relacione las definiciones con los distintos tipos de aulas correspondientes.**

   a. Aula donde el alumno pasa la mayor parte del tiempo, en ella realiza las actividades educativas comunes a sus compañeros, sale de ella en momentos puntuales, cuando tiene que acudir a alguna otra aula.
   b. Se realiza la intervención terapéutica, en ella se lleva a cabo el programa de rehabilitación específica que necesitan los alumnos para alcanzar el mayor grado de autonomía posible aumentando así su calidad de vida.
   c. Se centrará principalmente en el alumnado con perturbaciones del lenguaje y la audición. Se atiende a alumnado con retraso del lenguaje, patologías y trastornos del lenguaje oral y escrito y también a aquellos que por una discapacidad intelectual tienen dificultades asociadas al mismo.

   b. Aula de fisioterapia
   c. Aula de logopedia
   a. Aula de referencia

2. **Indique los cuatro tipos de mobiliario adaptado para alumnos/as con discapacidad en el aula.**

   - Silla
   - Mesa
   - Bipedestador
   - Asiento pélvico

3. **Al leer la siguiente definición, ¿a qué elemento de apoyo cree que hace referencia?**

   Se trata de un ordenador conectado a un proyector de video que emite la imagen sobre una pared, tablero o superficie lisa. Distinguimos dos tipos, digital básica y digital interactiva, con esta última se permite interactuar directamente sobre la superficie de la proyección, sin necesidad de ratón u otros accesorios.

   Pizarra digital.

4. Complete la definición de "Licornio".

Uno de los instrumentos más utilizados para alumnos que tienen un buen control del **tronco** y cabeza pero no manipulativo es el licornio.

El licornio consta de unas **tiras** colocadas alrededor de la cabeza y una **varilla** que sale de la zona frontal, que será la que sustituya la función de las **manos** en algunas actividades ya que va a permitir señalar, dibujar, **pulsar** un teclado, escribir en un ordenador, entre otros.

5. Las siguientes definiciones, ¿son verdaderas o falsas?

a. Las gafas prismáticas van a ser imprescindibles cuando el alumno pasa tiempo en posición vertical, estas gafas le permitirán ver con la necesidad de que el libro, televisión o imagen estén en un ángulo paralelo a su visión.

- ☐ Verdadero
- ☑ **Falso**

b. El ábaco, tradicionalmente es utilizado por los alumnos con discapacidad auditiva para realizar operaciones aritméticas. Consta de un cuadro de madera con barras paralelas y bolas móviles, con el se pueden realizar sumas, restas y multiplicaciones.

- ☐ Verdadero
- ☑ **Falso**

6. Indique al menos cuatro requisitos básicos que deben cumplir los rincones en el aula.

- Deben estar ordenados.
- Deben cumplir los criterios de seguridad.
- Deben estar bien delimitados.
- Los materiales se deben renovar cada cierto tiempo.
- Deben ser identificados de manera fácil por los alumnos.
- Deben determinar el número de alumnos que pueden estar en él al mismo tiempo.

7. **Complete los siguientes esquemas relacionados con algunas de las causas de la discapacidad física.**

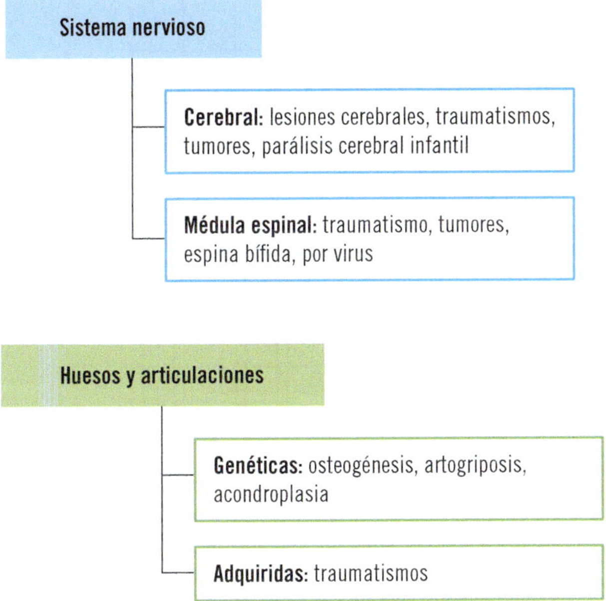

8. **¿Qué tres tipos de ayudas técnicas encontramos? Diga al menos un ejemplo de cada una de ellas.**

- Ayudas para la marcha. Ejemplo: muletas
- Ayudas técnicas básicas. Ejemplo: rampa
- Ayudas electrónicas/mecánicas. Ejemplo: comunicadores

9. **Encuentre en la siguiente sopa de letras material escolar que se puede encontrar adaptado para alumnas discapacitados.**

D	T	A	D	A	T
Z	Y	O	**A**	W	U
V	I	L	**N**	E	A
R	O	R	**T**	F	D
A	**T**	**R**	**I**	**L**	V
N	E	I	**D**	C	N
T	R	I	**E**	O	**T**
I	T	L	**S**	I	**I**
D	U	Z	**L**	V	**J**
X	D	R	**I**	I	**E**
V	O	N	**Z**	D	**R**
I	Q	Z	**A**	A	**A**
P	C	S	**N**	D	**S**
Ñ	A	H	**T**	O	P
D	G	F	**E**	I	U

10. Complete el siguiente esquema sobre materiales ortopédicos.

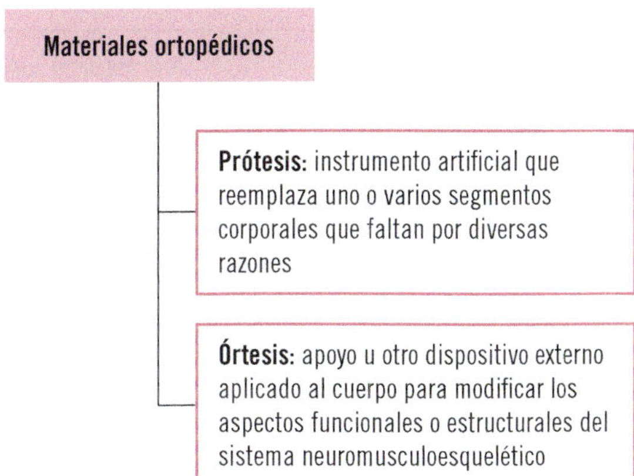

11. Relacione la clasificación según el Bureau Internacional de audiología, medida en decibelios:

a. Audición normal
b. Hipoacusia leve o ligera
c. Hipoacusia media o moderada
d. Hipoacusia severa
e. Hipoacusia profunda o sordera

b. 20-40 dB
d. 70-90 dB
a. 0-20 dB
c. 40-70 dB
e. más de 90 dB

12. Indique la diferencia entre los términos "pérdida de agudeza visual" y "pérdida de campo visual".

La agudeza se refiere a la capacidad para observar detalles, mientras que el campo visual es la reducción de la visión o central o periférica.

13. Complete la siguiente tabla con materiales para los alumnos/as con discapacidad sensorial.

Discapacidad visual	Discapacidad auditiva
- Libro en braille - Máquina Perkins - Reproductor Daisy - Telelupa	- Audífono - Implante coclear - Aro magnético - Frecuencia modulada

14. ¿Qué es la discapacidad intelectual? Defínala.

Según la AAIDD *(American Associationon Intellectual and developmental disabilities)* es una discapacidad caracterizada por limitaciones significativas en el funcionamiento intetelectual y en la conducta adaptativa que se manifiesta en habilidades adaptativas conceptuales, sociales y prácticas.

15. ¿Qué otra tipología de ACNEE se ha tratado en el capítulo? ¿En qué tres clasificaciones se dividen?

Se ha tratado el alumnado con trastornos de conducta, se clasifican tres tipos de conductas:

- Trastornos por déficit de atención y comportamiento perturbador.
- Alteraciones secundarias a otros trastornos mentales.
- Patrones conductuales.

Solucionario Capítulo 2

1. **Complete el siguiente texto.**

Según la asociación española de ergonomía, la ergonomía es el conjunto de **conocimientos** de carácter **multidisciplinar** aplicados para la adecuación de los productos, sistemas y **entornos** artificiales a las necesidades, limitaciones y **características** de los usuarios, optimizando eficacia, seguridad y **bienestar**.

2. **Durante el capítulo se han visto las consecuencias de los hábitos incorrectos en cuatro zonas del cuerpo. Indíquelas.**

- Cuello.
- Espalda.
- Manos.
- Ojos.

3. **¿Cómo se evita la postura incorrecta en las manos?**

a. El teclado debe estar por debajo encima del nivel de los codos.
b. La inclinación del teclado será entre 10 y 15 grados.
c. Ratón especial para niños en los centros educativos, ya que los diseñados para adultos pueden favorecer las lesiones.
d. Solo se utilizará una mano para escribir.

4. **¿Cuál es la principal causa de los problemas de visión del alumnado?**

La iluminación del aula.

5. **Indique con qué tres elementos del aula pertenecientes al mobiliario se deberá tener especial cuidado si queremos evitar posturas incorrectas.**

- Mesa.
- Pizarra.
- Silla.

6. **Indique al menos tres reglas sobre el transporte de material al centro educativo que se deba tener en cuenta para no dañar la espalda.**

- Utilizar una mochila cómoda.
- La mochila debe tener tirantes anchos y almohadillados.
- Los tirantes deben estar posados en los dos hombros.
- No llevar la mochila por debajo de la espalda.
- Si el material va sobre un carrito de transporte empujarlo en lugar de tirar de él.

7. **¿A qué habito de higiene postural se refieren los siguientes pasos?**

- **Nos deberemos colocar en el lado más cercano al borde.**
- **Sacaremos las piernas fuera y nos empujaremos con el codo que queda más cerca para así incorporar el tronco.**
- **No hacerlo de manera brusca y rápida.**

A levantarse de la cama

8. **Indique si las siguientes afirmaciones sobre la higiene postural en el aseo son verdaderas o falsas.**

a. Inclinar el tronco frente al lavabo.

☐ Verdadero
☑ **Falso**

b. Si necesitamos inclinarnos en el lavabo debemos flexionar las rodillas mientras que una pierna adelanta un poco a la otra.

☑ **Verdadero**
☐ Falso

c. Nunca apoyaremos las manos sobre el lavabo.

☐ Verdadero
☑ **Falso**

9. **Complete la siguiente tabla sobre las normas biomecánicas para la correcta postura del profesional.**

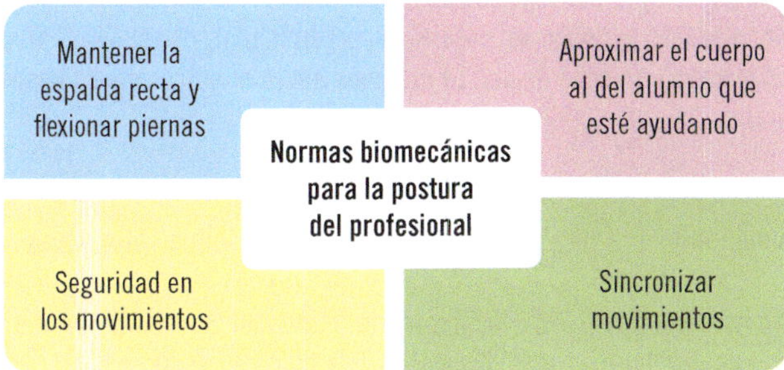

10. **¿Por qué tres razones resultan de vital importancia los cambios posturales?**

- Mejora de la flexibilidad muscular.
- Evitar la rigidez articular.
- Previenen las úlceras por rozamiento.

11. **¿A qué tipo de movilización pertenece esta definición?**

Se debe realizar entre dos personas. Una primera persona se coloca en la cabecera de la silla de ruedas y otra en la zona donde se colocan los pies. La persona que esa situada en la cabecera sujeta al alumno/a por debajo de los hombros, de manera que quede por detrás una vez que se levante, y la que está situada a los pies lo cojera por debajo de las rodillas.

Movilización de silla a camilla

12. **¿En qué dos situaciones se suele utilizar la movilización de silla a silla?**

En el aula, de silla de ruedas a silla del aula y en el aseo de silla de ruedas a váter.

13. Complete el texto sobre las movilizaciones de silla a silla con un alumno/a que puede mantenerse en equilibro.

La persona que le ayuda buscará un apoyo (en una pared, barra) que le permita ponerse en pie. Se colocarán las sillas en paralelo o perpendicular, y se sujetará al alumno/a por las axilas mientras se pone de pie. Le daremos apoyo mientras da los pasos necesarios para situarse.

14. Está conduciendo una silla de ruedas manual, ¿cómo debe subir y bajar escalones?

Para subir escalones se pondrá la silla frente al escalón, se pisarán los antivuelcos y se hará fuerza con los brazos hacia el suelo, de esta manera la silla se pone a dos ruedas. Se empujará hasta que las ruedas delanteras superen el escalón y ya se subirán las traseras.

Para bajar un escalón o una rampa inclinada se hará hacia atrás. Se irá despacio controlando la velocidad, es muy importante no tirar del reposabrazos ya que no son fijos.

15. Busque en el siguiente crucigrama cinco palabras aparecidas en el capítulo.

S	**I**	**L**	**L**	**A**	I	**M**	N	I
F	K	U	M	N	B	**E**	R	U
W	D	Q	C	I	D	**S**	T	A
N	V	S	A	Q	V	**A**	J	C
A	L	U	P	S	Y	P	O	N
C	**U**	**E**	**L**	**L**	**O**	C	L	Ñ
B	M	R	Ñ	J	Z	A	E	R
F	T	E	Q	A	C	E	S	**E**
S	U	T	Z	I	O	W	V	**E**
A	N	I	K	L	Ñ	G	A	**N**
P	**O**	**S**	**T**	**U**	**R**	**A**	T	**C**
L	I	T	E	S	D	F	P	**A**

Solucionario Capítulo 3

1. Escriba en la siguiente tabla qué documentos del centro educativo de los siguientes se encuentran a largo plazo y a corto plazo.

a. Programación de aula
b. Normas de organización y funcionamiento
c. Proyecto curricular
d. Proyecto educativo de centro
e. Programación general anual
f. Reglamento de régimen interior

Documentos a largo plazo	Documentos a corto plazo
Normas de organización y funcionamiento	Programación de aula
Proyecto curricular	Programación general anual
Proyecto educativo de centro	
Reglamento de régimen interior	

2. ¿Qué ley educativa es la que rige y sobre la que se elaboran los documentos del centro? Señale la correcta.

a. **LOMLOE**
b. LODE
c. LOE
d. LOMCE

3. Las siguientes características, ¿a qué documento hacen referencia?

- **Es un documento público.**
- **Orienta a los demás documentos.**
- **Es singular, propio y personal de cada centro.**

Proyecto educativo de centro.

4. Complete la definición del reglamento de régimen interior.

Consiste en un documento donde se encuentra la norma **interna** del centro en la que se concretan los derechos y deberes del alumnado y de los demás **agentes** de la comunidad educativa, por lo que su principal objetivo consiste en garantizar el **correcto funcionamiento** del centro educativo y regular la vida del mismo. Es un documento de carácter **organizativo** y normativo.

5. Complete las indicaciones o pautas que faltan en la tabla para un correcto lavado de dientes.

Poner en el cepillo de dientes pasta dentífrica del tamaño de la uña del alumno
Poner el cepillo bajo el agua para mojar un poco la pasta de dientes
Cepillar los dientes por su cara externa con movimientos de arriba hacia abajo y de nuevo hacia arriba
Finalizada la cara externa, se cepillará el interior de la boca realizando movimientos de la encía hacia afuera
Limpiamos las muelas y superficie dental con la que masticamos
Por último, cepillamos la lengua del interior hacia afuera
Enjuagamos con agua y finalizamos el cepillado

6. En el centro escolar, ¿antes o después de qué tres momentos es fundamental lavarse las manos?

- Es muy importante lavarse las manos antes de ingerir alimentos, esto es, antes de salir al recreo y antes de ir al comedor escolar.
- Después de ir al baño.
- Después del recreo.

7. Complete la tabla con los grados convenientes a los que deben estar los siguientes alimentos.

Alimentos	Grados
Plátano	De 8 a 10 grados
Harina	Temperatura ambiente
Pescado congelado	18 grados mínimo
Leche	De 0 a 4 grados
Salchichón	De 0 a 4 grados
Conservas	Temperatura ambiente

8. ¿Qué real decreto es el que regula las condiciones de seguridad en el transporte escolar y de menores?

a. Real Decreto 872/2004 del 10 de enero.
b. Real Decreto 443/2001 de 27 de abril.
c. Real Decreto 894/2002 de 30 de agosto.

9. **La señal llamada V-10, ¿a qué imagen de las siguientes corresponde?**

A la imagen C.

10. **Indique al menos cuatro pautas para evitar la gripe y los procesos catarrales en los docentes.**

- Evitando cambios bruscos de temperatura.
- Evitar fumar o estar al lado de personas que estén fumando.
- Comer fruta con vitamina C como fresas, kiwis o naranjas.
- Abrigarse acorde con el tiempo, intentar cubrir oídos y boca los días de frío.
- Lavarse las manos con frecuencia, ya que son foco principal de transmisión de virus.
- Evitar tocarse los ojos, boca y nariz ya que de haber gérmenes se diseminarían.

11. **¿Cuáles son los principales síntomas de la depresión? ¿Qué tres tipos son los más frecuentes en el profesorado?**

- Tristeza.
- Insatisfacción.
- Trastorno del sueño.
- Indiferencia afectiva.
- Pensamientos negativos.

12. Los siguientes objetivos, ¿a qué recurso del entorno pertenecen?

- **Promover y difundir la cultura a través de la organización de eventos.**
- **Ser puente con la comunidad.**
- **Contribuir al enriquecimiento cultural de la zona.**
- **Favorecer la igualdad y diversidad a través de la cultura.**

Centros culturales.

13. Escriba las palabras que faltan en la definición siguiente sobre las dinámicas de grupo.

Las dinámicas de grupo son **actividades**, herramientas y **técnicas** grupales que van a permitir que se conozca al grupo y que el alumnado conozca también a **sus iguales.**

14. ¿Para qué sirven las dinámicas de cooperación? ¿Cuál es el nombre de las dos dinámicas vistas en el capítulo?

Las dinámicas de cooperación pretenderán que el grupo funcione como tal, favoreciendo la cohesión del mismo, no buscarán destacar a algún alumno individualmente, sino que las actividades que se realicen serán grupales.

Las dinámicas vistas durante el capítulo son: "Nos ordenamos" y "Familia de animales".

Solucionario Capítulo 4

1. **Complete la definición sobre el significado de técnicas de relajación.**

   Las técnicas de relajación son **actividades** que aumentarán el bienestar **físico** y psíquico de quien las realiza, **reduciendo** así el nivel de tensión y **estrés.**

2. **Indique si las siguientes ventajas de realizar relajación en los ACNEES son verdaderas o falsas.**

   a. Aumento de estrés.

      ☐ Verdadero
      ☑ **Falso**

   b. Mejora de la calidad de vida.

      ☑ **Verdadero**
      ☐ Falso

   c. Aumento de la tensión muscular.

      ☐ Verdadero
      ☑ **Falso**

   d. Regulación de la respiración.

      ☑ **Verdadero**
      ☐ Falso

   e. Aumento de la presión arterial.

      ☐ Verdadero
      ☑ **Falso**

3. Escriba los cuatro pasos necesarios para poder practicar relajación.

- Tranquilización emocional.
- Progresiva distensión muscular.
- Eliminación de cualquier pensamiento.
- Actitud consciente durante la relajación.

4. Conteste a las siguientes preguntas cortas sobre la relajación postural.

a. ¿Cómo se llama la técnica de relajación postural vista en el capítulo?
Jacobson

b. ¿En qué año se creó?
1920

c. ¿Se puede realizar sentado en una silla?
Sí

d. ¿Y tumbado/a?
También

e. ¿Cuánto durará cada tensión del músculo?
10 segundos

5. Tache la palabra que no proceda en el siguiente texto sobre la meditación.

La idea de la meditación en niños y adolescentes es relativamente nueva / ~~**antigua**~~. Su principal objetivo es el de reducir los niveles de ~~**emoción y bienestar**~~ / estrés y ansiedad en nuestro cuerpo, modificando así las emociones / ~~**sensaciones**~~ de la persona y por lo tanto su bienestar físico y salud.

6. Enumere al menos cuatro necesidades que se requieran para realizar meditación.

- Se deberá practicar en un lugar tranquilo, sin distracciones de ningún tipo.
- La ropa debe ser la adecuada ya que las posiciones se deben mantener durante un largo rato, por lo que los alumnos/as deben estar cómodos.
- La postura más cómoda será sentada con la espalda recta.

- La hora de la meditación es aconsejable que sea siempre la misma, las mejores horas serían por la mañana temprano (a primera hora de clase) o a la última de la noche.
- Se debe concentrar la atención.
- La respiración debe ser la adecuada.

7. Señale cuáles de los siguientes beneficios de la meditación son ciertos.

a. Relajación durante al menos 72 horas.
b. Autocomprensión y autoaceptación.
c. Posible aumento de estrés.
d. Conciencia sobre el proceso de pensamiento.
e. Tranquilidad.

8. Una los siguientes tipos de respiración con su definición adecuada.

a. Se caracteriza por el movimiento del vientre hacia dentro y hacia afuera. Este tipo de respiración es aconsajable para la relajación y meditación así como para el descanso.
b. En la inspiración se desplaza la caja torácica y las clavículas. Es mas dificil de realizar pero también menos eficaz, ya que es la que menos aire moviliza.
c. Predomina la acción del diafragma aunque tambien toman parte los músculos intercostales.

b. Respiración clavicular
c. Respiración costal
a. Respiración abdominal

9. Encuentre en la siguiente sopa de letras cinco prendas de vestir vistas en el capítulo.

A	S	W	Q	E	R	T	O	P	L	K	M
U	N	B	C	P	O	I	U	C	J	X	A
E	Z	S	O	L	N	H	G	T	F	V	N
N	C	**O**	**G**	**I**	**R**	**B**	**A**	Ñ	M	M	N
V	S	**T**	**O**	S	E	C	V	O	P	L	L
C	C	**A**	**R**	P	**G**	**U**	**A**	**N**	**T**	**E**	**S**
A	B	**P**	**R**	I	U	T	R	E	S	D	F
B	N	**A**	**O**	X	Z	S	R	E	S	K	D
H	V	**Z**	C	C	X	Z	S	E	T	K	F
C	X	S	D	E	R	G	T	Y	H	K	O
P	C	X	U	A	S	D	W	**B**	**A**	**T**	**A**

10. ¿Qué pautas se deben dar a un ACNEE para ponerse la bufanda?

- Con la mano izquierda coge el extremo izquierdo de la bufanda.
- Con la mano derecha el extremo derecho.
- Busca la mitad de la bufanda y la sitúa cerca del cuello.
- Con la mano derecha gira la bufanda alrededor de la cabeza, cayendo esta en el lado izquierdo.
- Con la mano izquierda gira la bufanda alrededor de la cabeza cayendo el extremo de la misma en el hombro derecho.

11. ¿A qué elemento para abrochar pertenecen las siguientes pautas?

Una vez puesto el abrigo, chaqueta o prenda, se unirán las partes inferiores de la misma introduciendo el tirador en el espacio destinado a ello. Una vez unido se tirará hacia arriba hasta la altura que se desee.

Cremallera

12. Complete la secuencia que indica cómo el alumnado debe abrocharse los cordones.

a. Coger las dos **puntas.**
b. **Cruzar** los cordones.
c. Tirar de los **extremos** de los cordones.
d. Doblar el **izquierdo** y sujetarlo con la mano.
e. Pasar el lado derecho por el agujero del lado **izquierdo.**
f. Sujetar los **extremos** doblados.
g. Tirar de los extremos para **apretar.**

13. ¿Con qué tipo de material se deberá aprender a hacer una lazada antes de practicarlo en los propios zapatos?

Con una tela más rígida que el propio cordón del zapato, una vez conozca la técnica ya se practicará sobre los cordones.

14. Indique todos los pasos para realizar una lazada de frente a nuestras manos.

- Hacer un nudo.
- Una tira quedará hacia arriba (mano derecha) y otra hacia abajo (mano izquierda).
- Doblar la tira que está en la parte de abajo, mano izquierda.
- Pasar por encima de la tira doblada la que esta hacia arriba en la mano derecha.
- Meter la tira que se ha pasado por encima hacia atrás por el hueco que queda detrás de la tira doblada.
- Sacar hacia afuera para que quede por igual.

15. Para favorecer la autonomía del ACNEE se ha de alcanzar una serie de objetivos entorno al vestido y desvestido, siempre adaptables a su nivel. ¿Podría indicar al menos cuatro de estos objetivos?

- Conocimiento de su propia ropa y calzado.
- Cocimiento de la parte de adelante y atrás de la ropa.
- Identificar cuando la ropa está del derecho o del revés.
- Que tomen decisiones acertadas sobre la ropa que deben ponerse, atendiendo al clima, estación del año o lugar a donde van a acudir vestidos (no es lo mismo la ropa para ir al gimnasio que para una fiesta).

- Vestirse en la medida de lo posible de forma autónoma.
- Cuando se quite la ropa, hay que dejarla ordenada.
- Identificar qué ropa está limpia y cuál sucia y qué hacer con ella.

Solucionario 5

Programas de autonomía e higiene en el aseo personal del ACNEE

Solucionario Capítulo 1

1. **Señale las respuestas correctas.**

   a. Existen dos tipos de reforzamiento positivo: constante e intermitente.
   b. Los aseos no deben tener elementos motivadores, tendrán que ser sobrios.
   c. Existen dos tipos de reforzamiento positivo: intermitente y continuo.
   d. Los cuartos de baños estarán decorados para estimular al niño/a.

2. **Encuentre 5 enfermedades respiratorias.**

Y	A	F	M	E	U	O	R
O	**T**	**I**	**T**	**I**	**S**	E	A
D	V	A	L	I	F	E	Z
A	R	B	R	O	**B**	F	Ñ
I	E	I	R	T	**R**	E	**A**
R	P	Z	S	E	**O**	C	**I**
F	A	E	O	N	**N**	O	**N**
S	E	H	D	A	**Q**	I	**O**
E	S	I	I	T	**U**	V	**M**
R	T	U	E	I	**I**	I	**L**
Q	O	E	T	C	**T**	D	**U**
H	I	Q	**A**	I	**I**	A	**P**
W	D	**M**	O	D	**S**	D	N
F	**S**	R	C	A	E	R	T
A	D	A	D	N	E	G	A

3. De las siguientes frases, indique cuál es verdadera o falsa.

a. El horario que se establece en el segundo paso del desarrollo del programa de control de esfínteres debe ser estricto.

☑ **Verdadero**
☐ Falso

b. Aquellas conductas en las que el/la niño/a recibe recompensas, probablemente vuelvan a aparecer.

☐ Verdadero
☑ **Falso**

c. De entre las funciones de la técnica de la imitación-modelado se encuentra la de aprender y motivar conductas nuevas.

☐ Verdadero
☑ **Falso**

d. El estrés repercute en todas las personas por igual.

☑ **Verdadero**
☐ Falso

4. Escriba con sus palabras el significado de los siguientes vocablos reflejados en el capítulo.

- Eczema: son afecciones dermatológicas caracterizadas por una inflamación que manifiesta lesiones tales como eritema, vesículas, pápulas y exudación.
- Globalización: conjunto de procesos que conducen a un mundo único, en concreto en educación, es la impregnación de los aprendizajes en todos los contextos del individuo.
- Actividades: son un conjunto de acciones planificadas ejecutadas por alumnos y alumnas y por docentes, en el aula o fuera de ella, de carácter individual o grupal, que tienen como propósito lograr las finalidades y los objetivos de la enseñanza.

5. **Complete la definición.**

La disfonía se refiere a cualquier **trastorno** que lleva consigo una pérdida de la **voz**.

6. **Relacione la columna de arriba con la de abajo.**

a. Desabrochar botones
b. Lavado de dientes
c. Sentirse limpio

c. Contenido actitudinal
a. Contenido procedimental
b. Contenido conceptual

7. **Ordene la secuencia de cuándo un niño o niña ha adquirido el control de esfínteres.**

Sabe cuándo tiene que ir al inodoro; sabe esperar para hacer sus necesidades; entra solo en el baño; se baja los pantalones; se sienta en el inodoro; hace sus necesidades; utiliza adecuadamente el papel higiénico; se coloca la ropa; tira de la cisterna; se lava y seca las manos y vuelve a su sitio.

8. **Defina los siguientes conceptos.**

- Desvanecimiento ayudas
  Posee dos fases: aditiva y sustractiva.

- Agenda pasos
  Se registran gráfica y secuencialmente actividades de la vida cotidiana.

- Moldeado
  Se utiliza en el aprendizaje de tareas cotidianas.

- Encadenamiento atrás
  Consiste en dividir una conducta en secuencias más básicas, comenzando a entrenarla por la última etapa de la cadena.

- Encadenamiento delante
  Se enseña el primer paso y se refuerza, a continuación se enseña el segundo y se refuerza la realización de ambos juntos y así sucesivamente.

- Modelado
  Comprende tres fases: exposición y observación, adquisición y aceptación/ejecución/imitación.

9. ¿A qué elemento de un programa educativo pertenece esta definición?

Una selección de las capacidades consideradas como básicas (de las expresadas en los objetivos) y de los contenidos que contribuyen a desarrollar dichas capacidades. Es decir son indicadores de la efectividad los aprendizajes.

Criterio de evaluación.

10. Complete este texto sobre la Ley Orgánica 3/2020, de 29 de diciembre (LOMLOE), y sus aportaciones más importantes a los procesos de atención a la diversidad.

La Ley Orgánica 3/2020, de 29 de diciembre, modifica la Ley Orgánica 2/2006, de 3 de mayo, de Educación (LOMLOE), derogando la **LOMCE** e introduciendo importantes modificaciones en la **LOE**, ley vigente desde el año 2006. Esta norma ofrece medidas de atención a la diversidad para la obtención del graduado en educación secundaria obligatoria, formación profesional y **bachillerato**, además de los procesos relacionados a incluir en los **planes de acción tutorial**, entre otras cuestiones.

11. Conteste "Si" o "No" a las siguientes preguntas cortas con respecto a la implementación del programa de control de esfínteres.

a. ¿Es imprescindible descartar alteraciones orgánicas y fisiológicas cuando aparezca la incontinencia? **Sí**
b. ¿Es necesario que el niño/a permanezca más de una hora sentado/a? **No**
c. ¿El sitio de eliminación tiene que ser el cuarto de baño? **Sí**
d. ¿Es el castigo el método más adecuado para alcanzar logros en el control de esfínteres? **No**

12. ¿Cuáles son los cuatro componentes básicos de los criterios de evaluación?

- Los contenidos a evaluar.
- La información a recoger.
- La valoración de la información.
- La finalidad.

13. Tache las palabras que no procedan.

Para la elaboración de un Programa de Autonomía e Higiene en el Aseo se considerarán los siguientes principios generales:

- Enfoque (~~General~~ / Globalizado). Referido a que formará parte del proyecto (~~general~~ / global) educacional del alumnado, con la intervención de todos los (agentes / ~~componentes~~) educativos.
- Enseñanza (individualizada / ~~singularizada~~). Se ha de partir de la premisa de que se enseña a personas (plurales / ~~individuales~~), con peculiaridades y características concretas.
- (~~Exclusividad~~ / Funcionalidad). Se obtiene con experiencias y enseñanzas significativas y siempre relacionadas con lo (previamente / ~~posteriormente~~) aprendido.

14. Clasifique las siguientes enfermedades en la columna que corresponda.

Enfermedades respiratorias	Alteraciones músculo-esqueléticas
Asma, pulmonía, resfriado, influenza, tuberculosis	Hernia hiatal, lumbago crónico, claudicación neurógena, bursitis, tendinitis

Asma, claudicación neurógena, pulmonía, hernia hiatal, lumbago crónico, tendinitis, influenza, tuberculosis, resfriado, bursitis.

15. El modelo Mastery o Competente y el modelo Coping o de Afrontamiento son subtipos de la técnica...

a. ... refuerzo diferencial.
b. ... imitación-modelado.
c. ... encadenamiento hacia delante.
d. ... desvanecimiento ayudas.

Solucionario Capítulo 2

1. **Lea esta definición y diga de qué concepto se trata.**

   "Conjunto de prácticas y comportamientos orientados a mantener unas condiciones de limpieza y aseo que favorezcan la salud de las personas".

   Higiene.

2. **Señale las normas para una correcta higiene postural acertadas.**

   a. Mantener las piernas rectas.
   b. Aproximar el cuerpo del niño o niña que se está ayudando.
   c. Curvar la espalda.
   d. Ampliar la base de sustentación.

3. **Relacione la columna de arriba con la de abajo.**

   a. Bandas antideslizantes
   b. Clips para pantalones
   c. Descalzador

   b. Ayuda técnica para el vestido
   a. Ayuda técnica para el baño
   c. Ayuda técnica para el desvestido

4. **Indique si estas afirmaciones son verdaderas o falsas.**

   a. Es aconsejable que el niño o la niña se bañe a distinta hora cada día.

   ☐ Verdadero
   ☑ **Falso**

b. En el cambio de compresa, la niña tiene que envolver la compresa sucia en un trozo de papel higiénico o en el envoltorio de la misma, para tirarla posteriormente.

☑ **Verdadero**
☐ Falso

c. Cuando se finalice la ducha o baño, se usará una toalla grande para que el niño o niña posea mayor autonomía.

☑ **Verdadero**
☐ Falso

d. Para el vestido de un niño o niña con dificultades, conviene que se haga de pie.

☐ Verdadero
☑ **Falso**

5. Encuentre 4 ayudas técnicas en la siguiente sopa de letras.

Y	A	F	M	E	U	O	R
O	**C**	I	T	I	S	E	A
P	V	**L**	L	I	F	E	Z
E	R	B	**I**	O	D	F	Ñ
S	E	I	R	**P**	I	E	Y
A	P	Z	S	E	**S**	C	S
Ñ	A	E	O	N	E	O	N
U	E	H	D	A	R	I	A
A	S	**S**	**A**	**U**	**R**	**G**	L
T	T	U	E	I	I	I	I
R	O	E	T	C	D	D	M
O	I	Q	N	I	A	A	E
C	**A**	**L**	**Z**	**A**	**D**	**O**	**R**
F	A	R	C	A	E	R	T
A	D	A	D	N	E	G	A

6. Describa los siguientes conceptos con sus palabras.

a. Higiene postural:
Grupo de medidas que se deben acuñar para la óptima realización de cualquier hábito postural o actividad, que determinada persona ejecuta a lo largo de la vida, así como las directrices que sirvan para corregir actitudes posturales incorrectas.

b. Laxitud ligamentosa:
Es una afección causada por que los ligamentos están laxos.

c. Higiene bucodental:
Se trata de cuidado y limpieza de la boca y los dientes con diferentes técnica como el cepillado o la aplicación del hilo dental.

7. **Complete la siguiente frase.**

La escoliosis es una **curvatura** anormal de la **columna vertebral.**

8. **Ordene la secuencia de cómo debe sonarse la nariz.**

4. Tira el pañuelo a la basura (si es desechable).
2. El niño o niña se restriega la nariz con el pañuelo.
1. El niño o niña coge el pañuelo y lo pone en contacto con su nariz
3. El niño o niña sopla por la nariz, al mismo tiempo que recoge la mucosidad dentro del pañuelo.

9. **Tache las palabras que no procedan.**

a. La limpieza de manos y cara es (necesaria / ~~innecesaria~~) varias veces al día, motivo por el cual se ha de educar al niño o niña específicamente en esta actividad y lo más (inmediatamente / tarde) posible.
b. La intimidad es la (~~exhibición~~ / protección) de los actos y del propio sujeto respecto a los demás individuos, es decir, se trata de la parte de la vida de cada uno que afecta (a sí mismo / ~~toda la humanidad~~) y que no ha de ser vislumbrada por los demás.

10. **Ubique las siguientes ayudas técnicas en la columna que corresponda.**

Ayuda Técnica para vestido/desvestido	Ayuda técnica para baño o aseo
- Descalzador. - Subecremalleras.	- Peine con mango largo. - Grúas. - Grifo extraíble.

Peine con mango largo - Descalzador - Subecremalleras - Grúas - Grifo extraíble

11. Conteste Sí o No a las siguientes preguntas cortas con respecto los tipos de higiene.

a. ¿Los desodorantes inhiben el desarrollo de la bacteria que produce el olor en las axilas? **Sí.**
b. ¿Las uñas de los pies se han de recortar de forma curvada? **No.**
c. ¿Cuando el cepillado de dientes es enérgico existe riesgo de sangrado en las encías? **Sí.**
d. ¿Es preferible que la ropa interior sea de fibras sintéticas? **No.**

12. ¿A qué tipo de higiene pertenecen estas características?

- Cómodo y flexible.
- Que permita la variación de volumen del pie en los distintos momentos del día.
- Que sea traspirable.
- Adecuado al clima.

Higiene del vestido y calzado

13. Relacioine los productos para el aseo con el tipo de higiene:

a. Polvos transpirables y superabsorbentes
b. Calzado cómodo
c. Desodorante
d. Seda dental

c. Higiene corporal
d. Higiene bucodental
a. Higiene de pies
b. Higiene de la ropa y el vestido

14. Cite los tipos de escoliosis que existen.

- Escoliosis idiopática, clasificada por edad:
  - Escoliosis infantil: se da en los niños o niñas de 3 años o menos.
  - Escoliosis juvenil: la sufren los niños o niñas de 4 a 10 años.
  - Escoliosis adolescente: la padecen los niños o niñas de 11 a 18 años.

- Escoliosis congénita
- Escoliosis neuromuscular

15. ¿Dónde están las erratas en las normas de una correcta higiene postural?

a. **Flexionar** ~~(estirar)~~ las piernas (caderas y rodillas).
b. Mantener la espalda recta.
c. Aproximar el cuerpo del niño o niña a la que se está ayudando.
d. **Seguridad en el agarre** ~~(Agarrar suavemente, con firmeza.)~~
e. Ampliar nuestra base de sustentación.
f. Sincronizar los movimientos.

Solucionario Capítulo 3

1. **Diga si las siguientes afirmaciones son verdaderas o falsas.**

   a. Los materiales empleados en el cuarto de baño serán fundamentalmente deslizantes.

      ☐ Verdadero
      ☑ **Falso**

   b. El pavimento del cuarto de baño deberá tener una textura rugosa.

      ☑ **Verdadero**
      ☐ Falso

   c. En el mobiliario del cuarto de baño se evitarán bordes y picos cortantes.

      ☑ **Verdadero**
      ☐ Falso

   d. Se aconseja que las baldosas del cuarto de baño sean brillantes para dar reflejos.

      ☐ Verdadero
      ☑ **Falso**

2. **Relacione los siguientes conceptos.**

   a. Mantenimiento preventivo.
   b. Mantenimiento correctivo.

   <u>a.</u> Limpieza diaria.
   <u>b.</u> Sustitución de piezas en mal estado.

3. **¿A qué ayuda técnica pertenece el tipo "horizontales discontinuos"?**

   Asideros.

4. **¿A qué tipo de mobiliario se refiere la siguiente afirmación?**

Este elemento se debe suprimir por ser la zona más peligrosa donde más accidentes se producen.

Bañera.

5. **Señale cuál sería una función de los docentes en el aprovechamiento de recursos, entre las opciones que se exponen.**

   a. Motivar a los alumnos y alumnas a que echen los desechos en el mismo contenedor.
   b. Inculcar entre el alumnado la importancia de no malgastar el agua en las actividades diarias de aseo.
   c. Fomentar que deben encender siempre la luz.

6. **Indique a qué se refiere esta definición.**

El conjunto de operaciones de recogida y tratamiento de residuos que permiten volver a insertarlos en un sistema de vida personas.

Reciclaje.

7. **¿Para qué sirven los asideros?**

Los asideros o barras de apoyo sirven de sujeción para las trasferencias o movimientos en el baño de personas con dificultades en la movilidad.

8. **Relacione los siguientes elementos.**

   a. Estarán protegidos y fuera del alcance de los alumnos y alumnas.
   b. Deben estar fabricados con materiales irrompibles.
   c. Debe estar guardado bajo llave.

   c. Botiquín
   a. Enchufes
   b. Útiles de aseo

9. **Rellene los huecos.**

Una **grúa** es una ayuda técnica que facilita la realización de las **trasferencias** con garantía de **seguridad** y de forma cómoda para las personas con **discapacidad**.

10. **Encuentre las acciones de la estrategia de tratamiento de residuos en esta sopa de letras.**

P	V	L	L	K	F	E	Z
E	R	**R**	**A**	**S**	**U**	**E**	**R**
R	M	Z	S	E	Ñ	C	S
Ñ	**E**	E	E	N	E	O	N
U	E	**C**	D	K	R	I	A
A	S	S	**I**	R	R	L	L
T	T	U	G	**C**	I	I	I
R	O	E	T	C	**L**	D	M
O	I	Q	N	I	A	**A**	E
D	**R**	**I**	**C**	**U**	**D**	**E**	**R**
F	F	R	G	A	E	R	H

11. Tache las palabras que no procedan.

Los (~~médicos~~ / docentes) enseñarán cómo dosificar los productos de (aseo / ~~alimentación~~) necesarios para todos las (actividades / ~~historias~~) de aseo diarias (gel, champú, pasta dentífrica...).

12. Complete la siguiente frase.

El **mantenimiento** se lleva a cabo por un programa sistemático de **inspección** y reparación menor de partes **estropeadas.**

13. Conteste "Si" o "No" a las siguientes preguntas cortas.

a. ¿Es cierto que los inodoros deben tener un espacio libre de unos 10 o 15 centímetros que permita sentarse cómodamente? **Sí.**
b. ¿Un baño para personas discapacitadas deben tener un espacio diáfano que permita dar un giro de 1 metro de diámetro? **No.**
c. ¿Para ganar espacio de debe suprimir el lavabo? **No.**

14. Relacione los siguientes elementos.

a. Contrastar con las paredes.
b. 80 cm del suelo.
c. Posee un arnés.

c. Grúa
a. Aparatos sanitarios
b. Lavabo

15. Cite los tipos de asideros.

Horizontales, verticales, inclinados, horizontales discontinuos, verticales e inclinados, horizontales continuos, circulares y tubulares.

Solucionario 6

Programas de actividad lúdica en el recreo

Solucionario Capítulo 1

1. **¿Por qué es importante el recreo en el desarrollo personal del alumno?**

   a. Para mejorar las relaciones personales con los demás alumnos.
   b. Porque sirve como castigo a los alumnos que se porten mal.
   c. Porque es un buen rato para estudiar.
   d. Para que los niños se deshagan del estrés de las horas de clase.

2. **Para introducir el tema de las estaciones del año en una clase con ACNEE, ¿sobre qué puntos principales hablaría?**

   - ¿Por qué cambia el clima?
   - Cuáles son las estaciones del año y sus características.
   - Cómo cambia la ropa cuando cambia el clima.

3. **De las siguientes afirmaciones, diga cuál es verdadera o falsa.**

   a. Para explicar la correspondencia entre vestimenta y clima, lo correcto sería una clase teórica de al menos dos horas.

   ☐ Verdadero
   ☑ **Falso**

   b. Los cuentacuentos son actividades que van a favorecer ponerse en una situación concreta.

   ☑ **Verdadero**
   ☐ Falso

   c. Los murales en clase no son nada beneficiosos, ya que contienen poca información y ocupan mucho espacio.

   ☐ Verdadero
   ☑ **Falso**

d. Los juegos para ordenador accesibles son una buena herramienta para ACNEE.

☑ **Verdadero**
☐ Falso

4. **Encuentre palabras que tengan que ver con lo que se ha descrito en el capítulo.**

A	F	**M**	**U**	**D**	**A**	L
Z	I	O	S	Q	W	A
V	A	L	I	D	E	Z
R	B	R	S	R	F	Ñ
E	I	R	T	E	E	Y
P	L	I	E	T	C	S
U	**R**	**I**	**N**	**C**	**O**	**N**
E	D	L	A	A	I	**A**
S	A	O	T	L	V	**L**
T	D	R	I	L	I	**I**
O	A	N	C	M	D	**M**
I	D	Z	I	R	A	**E**
D	O	S	D	O	D	**N**
A	T	I	A	E	R	**T**
D	**R**	**E**	**C**	**R**	**E**	**O**

5. **Escriba el significado de los siguientes vocablos aparecidos en el capítulo: accesibilidad, adaptación y discapacidad.**

- **Accesibilidad:** grado en el que todas las personas pueden utilizar un objeto, visitar un lugar o acceder a un servicio, independientemente de sus capacidades técnicas, cognitivas o físicas. Es indispensable e imprescindible, ya que se trata de una condición necesaria para la participación de todas las personas, independientemente de las posibles limitaciones funcionales que puedan tener.

- **Adaptación:** acción y efecto de ajustar una cosa a otra, conjunto de cambios para adaptarse a una circunstancia.
- **Discapacidad:** condición bajo la cual ciertas personas presentan deficiencias físicas, mentales, intelectuales o sensoriales a largo plazo que, al interactuar con diversas barreras, pueden impedir su participación plena y efectiva en la sociedad y en igualdad de condiciones con los demás. Se ha propuesto un nuevo término para referirse a las personas con discapacidad, el de mujeres y varones con diversidad funcional, a fin de eliminar la negatividad en la definición del colectivo de personas con discapacidad y reforzar su esencia de diversidad.

6. Complete la definición.

Una tabla de registro es una herramienta de **organización** que sirve para almacenar datos o **información**. Está compuesta por filas horizontales y **verticales**.

7. Relacione los ítems con las órdenes.

a. Hacer una lazada.
b. Meter primero uno de los brazos.
c. Desabrochar botón.
d. Introduce hasta el talón y sube.

c. Orden para bajar pantalón.
a. Orden para abrochar zapato.
b. Orden para meter abrigo o prenda superior.
d. Orden para ponerse los calcetines.

8. Ordene la secuencia de cómo prepararía la mochila un alumno con discapacidad visual para acudir a clase.

a. Guardar libros.
b. Guardar la ayuda técnica como calculadora parlante.
c. Guardar bocadillo o desayuno para el recreo.

9. **Una con flechas como sería una adecuada estructura de los espacios reservados a enseres personales en el aula.**

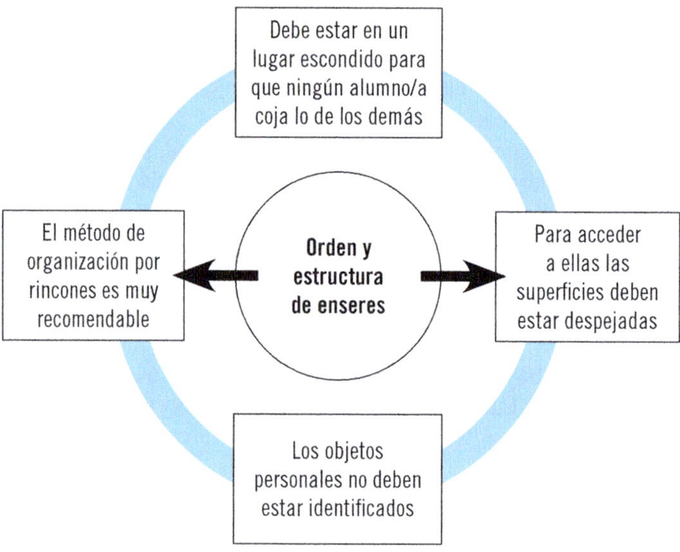

10. **Nombre las tres organizaciones de mesas más utilizadas.**

- Línea horizontal.
- Grupo.
- Círculo o herradura.

11. **¿A qué tipo de organización de mesas se refiere esta definición: las mesas se situarían en el centro del aula con forma de U, permitiendo así interacción directa con el docente, ya que no tendrán filas delante que tapen la visión. Es una de las más utilizadas en educación especial?**

A la organización en círculo o herradura.

12. **¿Cuáles son las ventajas de tener la clase organizada por rincones?**

    a. Favorecerá la dependencia del alumnado.
    b. Creará una necesidad de orden que puede extrapolarse a casa.
    c. Tendrá desorganizado el material.
    d. Tendrá responsabilidad sobre el material.

13. **Señale las palabras adecuadas en el siguiente texto.**

    La ingesta de alimentos en el recreo **(tiene)** (no tiene) importancia, ya que aportará energía al alumno y llegará a casa o al comedor escolar con menos (hambre) **(ansiedad por comer)**, pero estos alimentos deberán ser **(sanos y equilibrados)** (contener grasas).

    No se debe olvidar que el bocadillo para el descanso debe ser un **(pequeño)** (gran) tentempié, puesto que si la cantidad de comida es (insuficiente) **(abundante)** el alumno estará más perezoso las siguientes horas por el proceso de digestión.

14. **Complete la tabla con alimentos recomendados y no recomendados. Alimentos: jamón de York, yogurt, bollería, atún, golosinas, fruta, frutos secos, refrescos.**

RECOMENDADOS	NO RECOMENDADOS
- Jamón de York - Yogurt - Atún - Fruta - Frutos secos	- Bollería - Golosinas - Refrescos

15. **Conteste sí o no a las siguientes preguntas con respecto a un desayuno sano.**

    a. ¿Deben incluirse galletas algún día en el desayuno? **Sí.**
    b. ¿Se deben tomar zumos todos los días? **No.**
    c. ¿El bocadillo con embutido sano debe tomarse entre uno y dos días a la semana? **Sí.**
    d. ¿Los bizcochos caseros pueden tomarse todos los días? **No.**

Solucionario Capítulo 2

1. Responda verdadero o falso a las siguientes afirmaciones sobre la higiene en clase.

a. El uso del aseo en las horas indicadas hará que no haya unas pautas adecuadas.

☐ Verdadero
☑ **Falso**

b. Será en el tiempo de recreo cuando los alumnos deban ir al aseo.

☑ **Verdadero**
☐ Falso

c. Después del recreo, los alumnos deberán lavarse las manos.

☑ **Verdadero**
☐ Falso

d. El control de esfínteres lo realizarán los padres del alumno.

☐ Verdadero
☑ **Falso**

2. ¿En qué momentos es adecuado lavarse las manos?

a. Antes de ingerir alimentos.
b. Antes de colorear.
c. Después de ir al baño.
d. Antes de estornudar.
e. Después del recreo.

3. Ponga en orden los pasos necesarios para lavarse las manos.

1. Aplicar el jabón por la superficie de la mano.
2. Unir las palmas y frotarlas.
3. Palma sobre palma entrecruzar los dedos y masajearlos suavemente entre ellos.

4. Poner la mano izquierda sobre la derecha, entrecruzar los dedos y frotar.
5. Frotar las yemas de los dedos, una mano contra otra.
6. Hacer un masaje con el pulgar en la palma de la mano contraria.
7. Frotar con la yema de los dedos el lado opuesto de la palma de la mano y repetirlo con la otra mano.
8. Enjuagar las manos con suficiente agua.
9. Secar las manos muy bien.

4. ¿Para qué tres cosas habilitará el plan de emergencias a los docentes?

- Identificar peligros que puedan generar situación de emergencia.
- Adoptar medidas para la prevención y el control de las emergencias.
- Estar habilitados para dar respuesta si se produce la emergencia.

5. ¿A qué tipo de señal pertenecen las siguientes definiciones?

- Señalizan la dirección hacia la que se debe ir en situación de emergencia. **Evacuación.**
- Son las que informan de los lugares donde se encuentran extintores, mangueras, pulsador de alarma, etc. Deben ser rojas y blancas. **Medios de protección.**
- Son las que advierten de un peligro o riesgo. Tienen forma triangular y el negro y el amarillo son sus colores identificativos. **Advertencia.**
- Son las que prohíben una acción. **Prohibición.**

6. ¿Cuáles son los tres principales objetivos de un simulacro?

- Enseñar a los alumnos cómo actuar ante situaciones de emergencia.
- Hacer partícipes a alumnado, padres y personal educativo de la importancia de la seguridad en el centro.
- Conocer el edificio, cuáles son las salidas de emergencia, dónde hay que reunirse o qué pautas se deben seguir ante una situación de este tipo.

7. ¿A qué elementos de la comunicación se refieren los siguientes enunciados sueltos?

- **Contexto:** situación que se está dando mientras se transfiere el mensaje. No sería lo mismo mantener un proceso de comunicación en una sala tranquila que en un bar donde hay ruido y hay que alzar la voz para que el mensaje se escuche.
- **Emisor:** persona que transmite la información.

- **Canal:** sorporte a través del cual se envía el mensaje (teléfono, señal televisiva, etc.).
- **Código:** para que la comunicación sea entendible, emisor y receptor deben compartir el mismo código, es decir, si el emisor transmite un mensaje en idioma español pero el receptor solo conoce el idioma inglés, no hay comunicación, ya que no se ha entendido el mensaje (lengua española, lengua de signos, etc.).
- **Mensaje:** información que se transmite.
- **Receptor:** persona que recibe la información del emisor.

8. Complete el siguiente texto.

Las técnicas de relajación serán útiles para reducir la **angustia.** Al relajarse, el alumnado podrá tener control sobre sus pensamientos y afrontar nuevas **conductas,** ya que el miedo a nuevas situaciones sociales puede bloquear estas habilidades, entrando en un estado de **ansiedad.**

9. Encuentre en la siguiente sopa de letras cuatro de las habilidades comunicativas a desarrollar en la etapa escolar.

G	T	**R**	**A**	**H**	**C**	**U**	**C**	**S**	**E**
F	D	S	W	**A**	K	O	P	L	N
B	A	I	L	**B**	T	E	R	S	A
N	M	Y	C	**L**	R	Q	Z	V	B
J	E	B	M	**A**	U	I	C	E	M
N	**E**	**S**	**C**	**R**	**I**	**B**	**I**	**R**	A
U	I	Y	E	V	H	U	Ñ	L	N
K	B	V	O	N	T	**L**	**E**	**E**	**R**

10. ¿A qué elementos del juego homologados se refieren estas afirmaciones?

- Sus asientos serán blandos (normalmente de caucho) y la estructura deberá tener barrotes para que no se acerquen otros alumnos cuando alguien se encuentre en ellos. **Columpio.**

- Deben llegar a ras de suelo, en su parte descendente deben ser de una sola pieza y tendrán barandillas altas en sus laterales. La inclinación no deberá ser mayor de 30º y los laterales del plano inclinado deberán ser de 10 cm o más. Una parte no debería ser inclinada para así poder producirse el frenado. **Tobogán.**

11. ¿Cuándo se debe poner al alumno en esta posición?

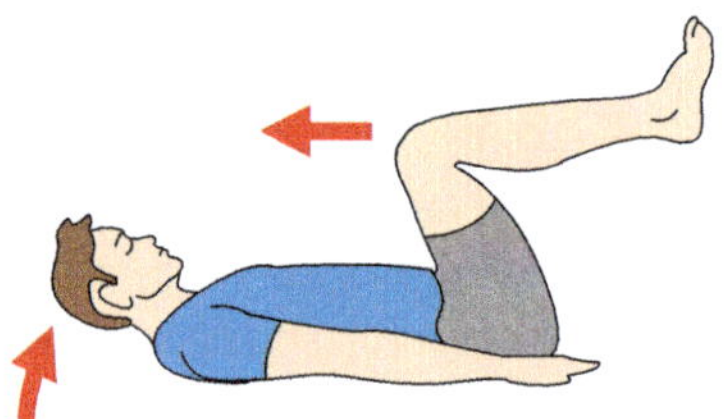

a. Cuando le dan un golpe en la boca.
b. Cuando le dan un golpe en el abdomen.
c. Cuando se hace una herida en la espalda.
d. Todas las opciones son incorrectas.

12. Indique al menos 6 elementos que se deben encontrar en un botiquín.

- Material para curar:
  - Gasas estériles.
  - Algodón.
  - Tiritas y esparadrapo.
  - Apósitos.
  - Triángulos de tela para inmovilizaciones.
  - Bolsa fría de hielo.
  - Suero fisiológico.
  - Guantes.
  - Jabón neutro.
  - Povidona yodada.
  - Agua oxigenada.
- Medicamentos:
  - Paracetamol.
  - Ibuprofeno.

- Corticoides tópicos.
- Sobres de azucarillos.

- Otros:

  - Termómetro.
  - Listado con teléfonos de servicios sanitarios.

13. Ordene el grado de las quemaduras de mayor a menor importancia.

3.º grado, 2.º grado, 1.º grado.

14. Complete los siguientes esquemas sobre las consecuencias negativas y positivas de un conflicto.

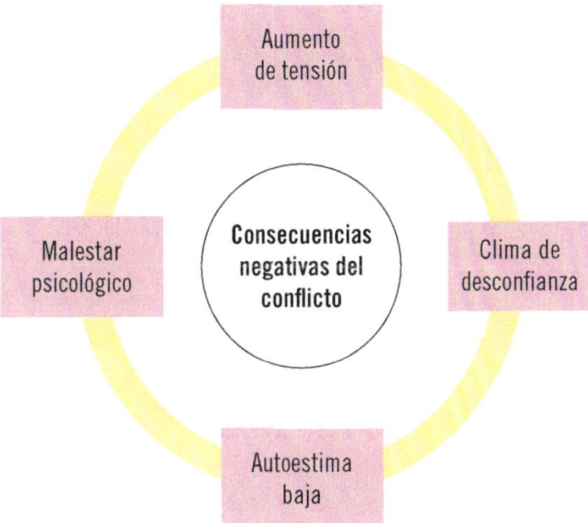

15. ¿Que regula la Ley 31/1995 de 8 de noviembre?

La Prevención de Riesgos Laborales.

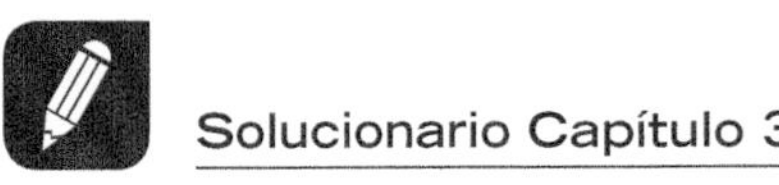

Solucionario Capítulo 3

1. **¿Cuál es la ley que entiende la accesibilidad universal como la condición que deben cumplir los entornos, procesos, bienes, productos y servicios, etc.?**

   a. Real Decreto 1/2013, de 29 noviembre.
   b. Ley 41/2008, de 3 enero.
   c. Ley 51/2003, de 2 diciembre.
   d. Todas las opciones son incorrectas.

2. **Nombre los tres tipos de barreras arquitectónicas vistas en el capítulo.**

   Urbanísticas, en el transporte y en la edificación.

3. **Complete el siguiente texto.**

   La Ley Orgánica 2/2006, de 3 de mayo, de Educación establece que los centros educativos existentes que no reúnan las condiciones de **accesibilidad** exigidas por la legislación vigente en la materia deberán adecuarse en los plazos y con arreglo a los criterios establecidos por la Ley **51/2003,** que actualmente está derogada por **integrarse** en el Texto Refundido de la Ley General de las personas con discapacidad y de su inclusión social, tal y como establece el Real Decreto Legislativo 1/2013, de 29 de noviembre, en su Disposición **Derogatoria** Única. Asimismo, las administraciones educativas promoverán programas para adecuar las condiciones físicas, incluido el transporte **escolar,** y tecnológicas de los centros y los dotarán de los recursos **materiales** y de acceso al currículo adecuados a las necesidades del alumnado que escolarizan, especialmente en el caso de personas con **discapacidad,** de modo que no se conviertan en factor de discriminación y garanticen una atención **inclusiva** y universalmente accesible a todos los alumnos.

4. **Responda sí o no a las siguientes preguntas.**

   a. ¿Puede usarse el ascensor en casos de emergencia? **No.**
   b. ¿Es recomendable que en una escalera haya más de 18 peldaños seguidos? **No.**
   c. ¿Los centros de nueva construcción deben ser accesibles? **Sí.**

5. **Complete el siguiente esquema sobre el diseño de las puertas para que resulten accesibles.**

Puertas de acceso exterior

- Anchura mínima: 1,20 m.
- Altura mínima: 2,20 m.

Puertas dentro del centro educativo

- Anchura mínima: 0,80 m.
- Altura mínima: 2,20 m.
- Ángulo de apertura: 90°.

Puertas transparentes

- El vidrio debe ser de seguridad.
- Favorecerá el contacto visual a las personas con discapacidad auditiva.
- Tendrán dos franjas horizontales de color a una altura de 1 m y 1,5 m respectivamente.

6. **¿A qué tipos de puertas pertenecen las siguientes definiciones?**

   a. Se suelen utilizar en áreas pequeñas, ya que disminuye el espacio requerido para la aproximación a la puerta y su apertura. No tendrán carriles inferiores y tendrán un ancho superior a 1,55 m. **Puertas correderas.**
   b. Sería idóneo que tuvieran un zócalo de protección con una altura mínima de 40 cm. La apertura de la puerta no supondrá al alumno realizar fuerza. Deben disponer de mecanismos de apertura y cierre adecuados a cómo se abran, es decir laterales o frontales. Si la puerta se cierra mediante un mecanismo hidráulico, este deberá ser muy lento para que no obstaculice el paso. Detrás de las puertas no se deben colgar perchas, estanterías o cualquier objeto que dificulte la apertura total de las mismas. **Puertas abatibles.**
   c. Se activarán mediante electricidad, infrarrojos, etc., cuando la persona esté en un punto cercano a la puerta. Deben tener en cuenta la altura de personas bajas, niños pequeños o personas en silla de ruedas. **Puertas automáticas.**

7. **De las siguientes afirmaciones, diga cuál es verdadera o falsa.**

   a. El mejor suelo para favorecer el desplazamiento de los alumnos es la moqueta.

      ☐ Verdadero
      ☑ **Falso**

b. Si una rampa es menor a 3 m, la pendiente será como máximo del 10 % de desnivel.

☑ **Verdadero**
☐ Falso

c. Las puertas de los baños deberán cerrarse completamente.

☐ Verdadero
☑ **Falso**

d. Si algún alumno lo requiere, deberá haber guías y pasamanos a lo largo de los pasillos del centro.

☑ **Verdadero**
☐ Falso

8. Complete la siguiente tabla con las partes de una silla de ruedas y de un andador.

Silla de ruedas	Andador
1. Asiento	1. Empuñadura
2. Respaldo	2. Estructura
3. Ruedas	3. Patas
4. Estructura	4. Conteras
5. Frenos	5. Ruedas
6. Reposabrazos	
7. Reposapiés	

9. Indique al menos dos ejemplos de ayudas para la marcha, fijas y móviles.

- Ayudas para la marcha fijas: pasamanos y guías.
- Ayudas para la marcha móviles: sillas, andadores y bastones.

10. Indique los 5 tipos de discapacidades que engloba el término ACNEE.

- Discapacidad física.
- Discapacidad visual.
- Discapacidad auditiva.
- Discapacidad intelectual.
- Trastornos de conducta.

11. Complete el siguiente texto.

Según la Confederación Española de **Familias** de Personas Sordas (Fiapas), la discapacidad auditiva se define como la "**pérdida** o anormalidad de la función anatómica y/o fisiológica del sistema **auditivo**, y tiene su consecuencia inmediata en una discapacidad para **oír**, lo que implica un **déficit** en el acceso al lenguaje oral".

12. Complete los indicadores que pueden despertar alerta respecto a la baja visión de un alumno.

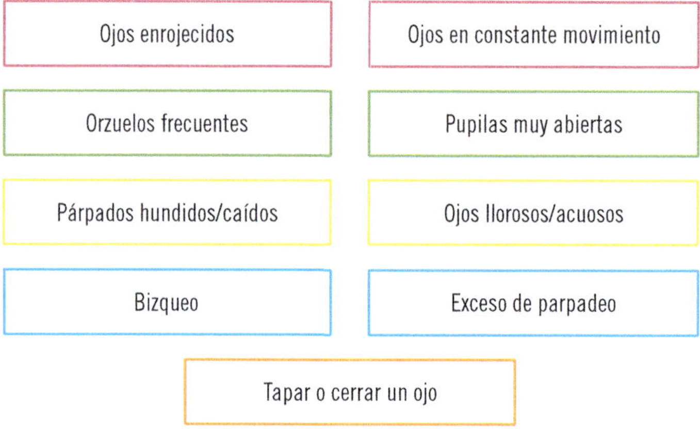

13. Escriba la definición de discapacidad intelectual según la AAIDD.

Es una discapacidad caracterizada por limitaciones significativas en el funcionamiento intelectual y en la conducta adaptativa que se manifiesta en habilidades adaptativas conceptuales, sociales y prácticas.

14. De las siguientes posibles causas de la discapacidad intelectual, indique si son postnatales, prenatales o perinatales.

a. Prematuridad: **perinatal.**
b. Pobreza: **postnatal.**
c. Maltrato: **postnatal.**
d. Malnutrición maternal: **prenatal.**
e. Trastornos cromosómicos: **prenatal.**
f. Trastornos neonatales: **perinatal.**

15. Indique al menos cuatro espacios del centro educativo que en caso de lluvia puedan ser alternativos al recreo.

Pasillos, biblioteca, sala de informática, sala de usos múltiples, aulas y gimnasio.

Solucionario Capítulo 4

1. **Complete las siguientes definiciones.**

Ocio	– Actividades recreativas que una persona lleva a cabo en solitario o en grupo sin necesidad u obligación de hacerlas.
Tiempo libre	– Periodo de tiempo no sujeto a obligaciones o necesidades, empleado en realizar cosas que la persona desea o necesita.

2. **De las siguientes afirmaciones sobre el ocio de la WLRA, diga cuál es verdadera o falsa.**

   a. Es un recurso importante para el desarrollo integral de la persona y un factor fundamental de la calidad de vida.

      ☑ **Verdadero**
      ☐ Falso

   b. Es una actividad que no consigue fomentar la buena salud general y el bienestar, al ofrecer variadas oportunidades que permiten a individuos y grupos seleccionar actividades y experiencias que se ajustan a sus propias necesidades, intereses y preferencias.

      ☐ Verdadero
      ☑ **Falso**

c. Las personas conseguirán su máximo potencial de ocio mientras menos participen en las decisiones que determinan las condiciones de su propio ocio.

☐ Verdadero
☑ **Falso**

d. Es un derecho básico del que nadie debería estar privado.

☑ **Verdadero**
☐ Falso

3. Escriba los tres tipos de actividades de ocio y tiempo libre que se han diferenciado en el capítulo.

a. Actividades de bienestar físico.
b. Actividades manuales.
c. Actividades culturales.

4. Complete las palabras que faltan para definir las ventajas de la actividad física.

a. Mejoría de la **coordinación** motora.
b. Aumento de la movilidad muscular.
c. Mejoría de circulación.
d. Aumento de la capacidad **pulmonar** y oxigenación.
e. Mantiene un peso **saludable.**
f. Produce **endorfinas** que son las hormonas que tienen que ver con el bienestar físico.
g. Estimula la **creatividad, aumenta** la superación personal e incluso mejora la autoestima.

5. Escriba al menos tres tipos de actividades culturales que pueda realizar el alumnado con y sin discapacidad.

a. Viajar.
b. Recibir clases de música, baile, teatro, etc.
c. Acudir a teatros, cines, espectáculos.
d. Visita a museos.
e. Recorridos culturales.

6. **¿Cuál de las siguientes definiciones de juego tiene como autor a Gimeno y Pérez?**

   a. El juego, en su aspecto formal, es una acción libre ejecutada como si y sentida como situada fuera de la vida corriente, pero que, a pesar de todo, puede absorber por completo al jugador, sin que haya en ella ningún interés material ni se obtenga en ella provecho alguno, que se ejecuta dentro de un determinado tiempo y un determinado espacio, que se desarrolla en un orden sometido a reglas y que da origen a asociaciones que propenden a rodearse de misterio o a disfrazarse para destacarse del mundo habitual.
   b. Un juego es una actividad que se utiliza para la diversión y el disfrute de los participantes; en muchas ocasiones, incluso como herramienta educativa.
   c. El juego es un grupo de actividades a través del cual el individuo proyecta sus emociones y deseos y, a través del lenguaje (oral y simbólico), manifiesta su personalidad.
   d. Todas las opciones son correctas.

7. **Elija la palabra adecuada para hacer una correcta definición del juego simbólico.**

   El juego simbólico consiste en **(simular)** (fingir) situaciones, objetos o personajes que (están) **(no están)** presentes en el momento de jugar. Es el tipo de juego más representativo de la (adolescencia) **(infancia)**.

8. **¿Qué tipo de beneficios tendrá el juego simbólico para los ACNEES? Señale verdadero o falso.**

   a. Eliminar posibles conductas relacionadas con la creatividad y la imaginación.

      ☐ Verdadero
      ☑ **Falso**

   b. Practicar roles establecidos por los niños.

      ☐ Verdadero
      ☑ **Falso**

   c. Comprender el contexto.

      ☑ **Verdadero**
      ☐ Falso

d. Desarrollar el lenguaje.

☑ **Verdadero**
☐ Falso

9. Busque en la siguiente sopa de letras los tipos de juegos vistos en el capítulo.

R	M	Y	U	O	P	C	X	N	A	Q
E	Z	A	S	W	Q	M	K	L	L	I
G	B	V	X	A	E	R	**F**	E	Ñ	**T**
L	V	C	M	M	E	O	**U**	U	I	**E**
A	C	Z	Ñ	M	N	B	**N**	E	T	**C**
S	**I**	**M**	**B**	**O**	**L**	**I**	**C**	**O**	**S**	**N**
V	C	O	E	R	I	O	**I**	L	W	**O**
Q	A	S	S	Q	Y	G	**O**	N	B	**L**
L	O	L	U	Y	T	R	**N**	C	N	**O**
P	O	U	I	Y	T	R	**A**	W	S	**G**
C	F	D	F	E	R	O	**L**	O	O	**I**
X	Z	Q	B	I	O	E	**E**	A	R	**C**
C	O	N	K	N	V	E	**S**	Q	A	**O**
M	N	B	G	H	Y	T	R	E	O	**S**
C	**O**	**G**	**N**	**I**	**T**	**I**	**V**	**O**	**S**	M
C	X	Z	S	E	T	G	U	M	I	P

10. ¿A qué tipo de juego pertenecen los siguientes beneficios: respeto de las normas y aceptación de las mismas, aprender a respetar turnos, favorecen la atención y concentración y enseñan a que en el juego unas veces se gana y otras se pierde?

A los juegos de reglas.

11. ¿Cuál sería el papel del profesorado en el juego? Indique los cinco roles vistos en el capítulo.

- Configura el juego y ayuda a decidir sus reglas si las tiene.
- Crea un ambiente destinado a ello.
- Lleva el rol de mediador.
- Ajusta el juego a las necesidades de los alumnos.
- Resuelve los conflictos que se originan.

12. Complete el siguiente esquema sobre las características del juego.

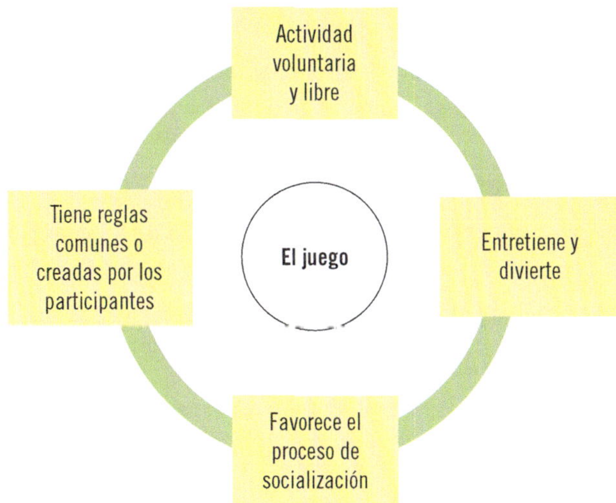

13. Relacione cada condición de seguridad con su definición.

1. Respetar las reglas.	a. Si un juego de mesa indica que es para mayores de 6 años, no se debe jugar con niños menores de esa edad. Quizás ese juego contiene fichas pequeñas que pueden ser tragadas por un niño pequeño que no tiene aún consciencia de que puede ser peligroso. Estas normas están para mantener la seguridad, por lo que deben ser respetadas.
2. Vigilar el estado de los elementos de juego.	b. No se puede permitir que los alumnos jueguen con elementos rotos o deteriorados, sobre todo en el caso de toboganes, columpios etc. Se debe informar de cualquier anomalía que se observe.
3. Protección en juegos al aire libre.	c. Cuando los juegos son en el exterior, se debe ser consciente de la estación del año en la que se está. En verano se tendrá especial cuidado con el sol y en invierno con el frío. Se debe insistir a los alumnos en la ropa adecuada para cada momento.
4. Adultos siempre presentes.	d. Los profesores deben estar presentes y pendientes de los juegos. No se olvide que son niños y que en muchas ocasiones no ven el peligro que puede causar cierta acción. Aún más en los juegos tecnológicos, no se puede dejar el ordenador al niño para que se mantenga entretenido sin más, sino que hay que fijarse en que el uso que le da sea el adecuado.
5. Superficie del lugar de juego.	e. Los suelos deben ser seguros. No se puede jugar a correr en un suelo que se escurra fácilmente. Se ha de estar atento a este tipo de detalles para garantizar plena seguridad.

14. Rellene los huecos que hay en la tabla sobre la elaboración de programas de actividades lúdicas.

1. QUÉ se quiere hacer
2. POR QUÉ se va a hacer
3. PARA QUÉ se va a hacer
4. CUÁNTO tiempo
5. CÓMO se va a hacer, que actividades se harán
6. DÓNDE se va a hacer
7. CUÁNDO se va a hacer
8. A QUIENES va dirigido
9. CON QUÉ recursos se va a hacer
10. QUIÉNES lo van a hacer

15. ¿A qué parte del programa corresponde la siguiente definición: elaboración, ejecución o evaluación?

"Esta será la fase donde se ponga en práctica todo lo planificado en la elaboración del programa".

Corresponde a la parte de ejecución.

Solucionario Capítulo 5

1. Indique al menos tres situaciones en las que se pongan en práctica habilidades sociales.

- Saludando al llegar a un lugar.
- Pidiendo permiso para entrar a clase.
- Iniciando una conversación.
- Finalizando una conversación.
- Mostrando sentimientos en situaciones que lo requieran.

2. Encuentre cuatro de los posibles contenidos para un programa de autonomía social.

C	A	M	**V**	E	Z	K	L	P	D
O	C	I	**I**	L	I	H	C	E	M
M	Z	J	**D**	V	N	L	S	X	J
P	W	A	**A**	S	**S**	O	P	O	E
R	N	C	**D**	N	**O**	G	T	T	O
A	N	S	**I**	L	**T**	I	R	W	E
S	C	Ñ	**A**	T	**N**	O	R	C	G
C	I	U	**R**	T	**E**	C	X	S	M
N	V	M	**I**	S	**M**	I	U	Y	I
P	U	T	**A**	C	**U**	D	C	H	P
V	C	C	L	K	**C**	M	H	G	A
B	O	H	X	C	**O**	H	N	U	I
D	T	F	U	E	**D**	**U**	**L**	**A**	**S**

3. Las habilidades sociales tendrán implícitas una serie de características. ¿Son las siguientes verdaderas o falsas?

a. La conducta, para ser adecuada, depende del contexto.

☑ **Verdadero**
☐ Falso

b. En un mismo lugar siempre serán adecuadas las mismas conductas.

☐ Verdadero
☑ **Falso**

c. La cultura influye en las conductas.

☑ **Verdadero**
☐ Falso

d. Las habilidades sociales y conductas adecuadas no varían a medida que pasan los años.

☐ Verdadero
☑ **Falso**

4. ¿A través de qué tipos de enseñanza se suelen adquirir las habilidades sociales y de comunicación? Complete el cuadro.

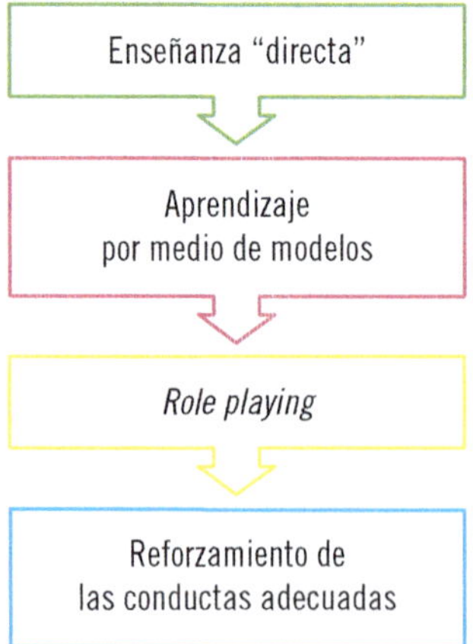

5. **¿Sobre qué tipo de aprendizaje habla el siguiente texto: Los alumnos observan a sus padres, sus profesores y a los adultos de su contexto e imitan las conductas que ellos realizan. En los ACNEE con discapacidad Intelectual es probablemente la forma más rápida de aprendizaje de habilidades. Aunque es una forma fácil de enseñanza para el alumnado, los adultos deben tener especial cuidado con su lenguaje y actitud, puesto que en las edades infantiles no sabrán diferenciar que deben imitar y que no?**

   Aprendizaje por medio de modelos.

6. **¿Para qué cinco características comunes servirá la realización de dinámicas de grupo?**

   - Favorece el diálogo.
   - Desarrolla habilidades de expresión.
   - Transmite ideas y opiniones.
   - Intercambia sentimientos y experiencias.
   - Genera empatía.

7. **Señale las pautas para el profesorado antes de realizar una dinámica de grupo.**

   a. Colocar a todos los alumnos en círculo.
   b. Conocer bien al grupo de alumnos.
   c. Aplicar las dinámicas sin ningún fin, solo el divertimiento de los alumnos.
   d. Motivar al alumnado intentando que todos participen.
   e. Las dinámicas se desarrollarán en una atmósfera respetuosa.

8. **Complete el siguiente cuadro indicando a qué tipo de dinámica corresponde cada actividad.**

Actividad	Dinámica de grupo
Laberinto de obstáculos	**Liderazgo**
El rumor	**Comunicación**
Yo comunico, tu dibujas	**Comunicación**
El nudo	**Cooperación**
Me llamo... y me divierto...	**Presentación**

9. **Complete el esquema de la definición de autonomía social.**

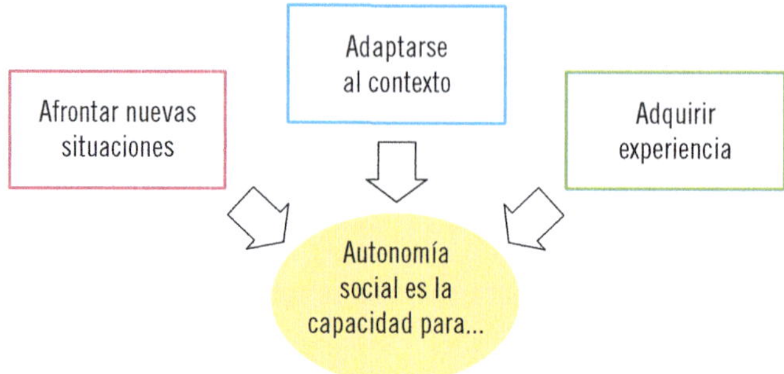

10. **Responda a las siguientes preguntas cortas:**

   a. ¿En qué tipo de dinámicas se favorecerá la escucha activa? **En las de comunicación.**
   b. ¿Qué dinámica utilizará para ver quién de los alumnos suele influir en la decisión de los demás? **La dinámica de liderazgo.**
   c. ¿Qué dinámicas buscan la cohesión del grupo? **Las de cooperación.**

11. **¿A qué contenidos pertenecen las siguientes conductas?**

   a. Identificación de billetes y monedas en circulación. **Compras.**
   b. Saber cómo utilizar un teléfono fijo. **Documentos.**
   c. Conocer cómo llegar al aula de fisioterapia. **Desplazamientos.**
   d. Adquisición de hábitos alimenticios. **Salud.**

12. **¿Qué cuatro etapas componen la teoría del aprendizaje social de Monjas (1993)?**

- Experiencia directa.
- Observación.
- Instrucción verbal.
- *Feedback.*

13. Indique qué dos tipos de evaluación se han visto en el capítulo.

- Evaluación por parte del profesorado.
- Autoevaluación por parte del alumnado.

14. ¿A qué tipo de instrumento de evaluación corresponde la siguiente imagen?

2. Cuando voy a la copistería y hay muchos compañeros, pido el turno y espero a que me atiendan.
   - ☐ Sí
   - ☐ No
   - ☐ A veces

3. Sé qué significan todos los paneles informativos que hay por los pasillos.
   - ☐ Sí
   - ☐ No
   - ☐ Solo algunos

A un cuestionario de autoevaluación.

Solucionario 7

Programas de autonomía e higiene personal, a realizar en el comedor escolar con un ACNEE

Solucionario Capítulo 1

1. **De las siguientes frases, indique cuál es verdadera o falsa:**

   a. Las necesidades relacionadas con la higiene personal hacen referencia a la adquisición de rutinas y pautas en el lavado de manos, uso del WC y cepillado de dientes.

   ☑ **Verdadero**
   ☐ Falso

   b. El programa de lavado de manos lo realiza monitor/educador.

   ☐ Verdadero
   ☑ **Falso**

   c. El programa de autonomía e higiene personal va dirigido a alumnado con necesidades educativas especiales.

   ☑ **Verdadero**
   ☐ Falso

2. **Relacione los siguientes bloques con su contenido correspondiente:**

   a. Control de esfínteres
   b. Uso de los servicios
   c. Aseo e higiene personal
   d. Vestido
   e. Alimentación/mesa
   f. Uso adecuado de las instalaciones del colegio

   f. Colgar ropa y mochila en perchero antes de entrar a comedor
   d. Diferenciar entre ropa sucia y limpia
   b. Lavarse las manos con jabón
   a. Indicar con gestos o palabras sus necesidades fisiológicas
   c. Lavarse las manos tras realizar sus necesidades
   e. Sentarse correctamente

3. **Las estrategias para llevar a cabo un adecuado programa de lavado de manos pueden ser:**

   a. **Abrir el grifo, mojar manos, poner jabón, frotar, aclarar y secar con una toalla.**
   b. Abrir el grifo, poner jabón, frotar y secar.
   c. Mojar manos, poner jabón, aclarar y secar.
   d. Abrir el grifo, frotar y aclarar.

4. **Busque en la siguiente sopa de letras tipos de programas de autonomía e higiene personal.**

C	**E**	**P**	**I**	**L**	**L**	**A**	**D**	**O**
Z	X	Y	A	**A**	B	C	C	F
E	F	G	H	**V**	I	J	K	P
L	M	N	Ñ	**A**	O	P	Q	B
R	S	T	U	**D**	V	W	X	I
Y	Z	A	B	**O**	C	D	E	L
B	**A**	**B**	**E**	**R**	**O**	**S**	F	Q

5. **¿Qué estrategias de aprendizaje hay que llevar a cabo en el establecimiento de rutinas? ¿Qué rutinas se pueden llevar a cabo en el comedor escolar?**

Estrategias referidas al establecimiento de metas y objetivos (cuya meta es el aprendizaje del aseo, higiene y vestido personal y cuyo objetivo es realizar todo de forma autónoma), a la planificación de los diferentes objetivos a llevar a cabo (a través de guías de pasos y rutinas), al control sobre la propia tarea (con el fin de ser autónomo en la misma), a la comprobación permanente (comprobando cada paso llevado a cabo para asimilarlo), a la revisión (de lo que está bien o mal realizado) y a la autoevaluación (valorar si el proceso se ha hecho correctamente).

Rutinas como: recogida, uso de instalaciones, uso de servicios, entrada a comedor, sentarse, alimentación, higiene y aseo personal, despedida.

6. Complete la siguiente oración:

El sistema visual de apoyo en el lavado de manos se centra en que el ACNEE asimile los **pasos** a seguir para **lavarse** las **manos** y para que lleve a cabo una **rutina** diaria durante todo el **año** acudir al **comedor.**

7. ¿Cuáles son las imágenes principales del sistema visual de apoyo en el cepillado de dientes?

Echar agua en un vaso, abrir tapón de pasta de dientes, depositar pasta de dientes en el cepillo, cepillado de dientes, enjuagarse la boca, lavar cepillo, tirar agua, cerrar tapón del tubo, secarse la boca con una toalla.

8. La guía de pasos para ir al WC le resulta más difícil al alumnado porque...

a. ... es difícil de aprender.
b. ... implica numerosos pasos.
c. ... implica una serie de pasos de mayor dificultad motriz y coordinación.
d. ... las imágenes no son claras.

9. Indique cuál de las siguientes medidas no es cierta.

a. Los objetivos del programa de colocación de baberos son: abrochar/desabrochar botones; poner/quitar velcro y diferenciar entre ropa sucia y limpia.
b. Los pasos de colocación de baberos son: una manga, otra manga y abrochar los botones.
c. El principal objetivo en el programa de colocación de baberos es que el alumnado se lo ponga con autonomía.
d. Al comenzar el programa de colocación de baberos debe hacerse sin la ayuda del monitor/educador.

10. ¿En qué consiste el programa de colocación de batas?

Hace referencia a las batas que deben colocarse los monitores/educadores. Estas batas son entregadas por la empresa privada que les contrate. Es obligatorio llevarla siempre puesta para la atención del ACNEE, además de limpia, planchada, sin dibujos, ni pegatinas y con la placa de identificación en la que esté escrito el nombre de la persona y, en algunos casos, el de la empresa.

11. ¿Es importante tener en cuenta las necesidades del alumnado a la hora de establecer el programa de autonomía e higiene personal? ¿Por qué?

Sí, porque sirven de guía para establecer los objetivos, contenidos y, por tanto, para llevar a cabo la estrategia más adecuada ajustada a dichas necesidades.

12. Complete la tabla:

Necesidades	Alumnado con discapacidad auditiva	Alumnado con discapacidad visual	Alumnado con discapacidad motora	Alumnado con discapacidad cognitiva	Alumnado con trastorno generalizado del desarrollo
Necesidades de atención en la alimentación e higiene personal	Necesidad de aprendizaje a través de la ruta visual	Necesidad de aprendizaje por la ruta auditiva	Necesidad de estimulación motriz y ayuda en los diferentes programas	Necesidad de un aprendizaje enlentecido, ajustado a su ritmo y mayor número de explicaciones y experiencias	Interiorizar su esquema corporal, eliminar sus conductas disruptivas, desarrollar habilidades sociales básicas

13. ¿En qué consiste la dependencia moderada? ¿Qué tipo de alumnado se atiende en este grupo?

La dependencia moderada hace referencia a aquella que requiere el alumnado en determinados momentos del horario de comedor para su alimentación o a la hora del uso del WC e higiene personal. Dentro de este tipo de dependencia puede encontrarse a alumnado con restos audibles y visuales aprovechables o alumnado con discapacidad motora y cognitiva leve que requiera de apoyos y ayudas, pero que puede realizar ciertas acciones de forma autónoma.

14. De las siguientes frases, indique cuál es verdadera o falsa:

a. El alumnado con sordera requiere de sistemas visuales de apoyo.

☑ **Verdadero**
☐ Falso

b. El alumnado con ceguera requiere de sistemas visuales de apoyo y explicaciones orales.

☐ Verdadero
☑ **Falso**

c. El alumnado con discapacidad motora (tetraplejia) tiene una dependencia severa del monitor/educador.

☑ **Verdadero**
☐ Falso

15. ¿Cómo atendería a alumnado con discapacidad motora (basal)? ¿Qué tipo de dependencia requiere?

Controlando el babeo, cuidando que la comida será la adecuada (puré y similar), llevándolos al cuarto de baño y realizando todos los pasos.

Requieren de una gran dependencia por parte del monitor/educador.

Solucionario Capítulo 2

1. **De las siguientes frases, indique cuál es verdadera o falsa.**

   a. El espacio de comedor escolar debe ser un lugar donde se cumplan los principios de normalización, integración y flexibilización de la enseñanza.

   ☑ **Verdadero**
   ☐ Falso

   b. Para que el alumnado con hipoacusia interaccione con el resto de forma adecuada se debe ofrecer mayor número de experiencias visuales.

   ☐ Verdadero
   ☑ **Falso**

   c. La falta de visión del alumnado con discapacidad visual dificulta, en cierto modo, su interacción con el resto.

   ☑ **Verdadero**
   ☐ Falso

2. **Relacione los siguientes bloques con su contenido correspondiente:**

   a. Enseñanza tutorizada.
   b. Sistema braille.
   c. Interacción.
   d. Empatía.
   e. SPC.
   f. Tetraplejia.

   c. Relación y comunicación.
   a. Asignación de algún compañero/a que sirva de punto de referencia y apoyo.
   e. Sistema Pictográfico de Comunicación.
   d. Ponerse en el lugar de los otros.
   b. Sistema de puntos que usan las personas con discapacidad visual para comunicarse de forma escrita.
   f. Cuando las piernas o gran parte del cuerpo se ve afectado de forma motriz.

3. **De las siguientes opciones relativas a los factores que favorecen la interacción del alumnado en el espacio de comedor, ¿cuál es la más acertada?**

   a. **El espacio de comedor es un lugar donde se aprenden normas sociales, comportamientos adecuados y donde se debe usar un lenguaje apropiado.**
   b. El uso de comedor supone el desarrollo de la autonomía, la madurez y la adquisición de una autoestima negativa.
   c. El comedor favorece el desarrollo de la motricidad fina, la marcha e impide el control de esfínteres.
   d. El uso de comedor supone un desarrollo cognitivo debido al aprendizaje de rutinas, guías de pasos, normas de comedor y uso de cubiertos.

4. **Busque en la siguiente sopa de letras los valores que se desarrollan en el espacio de comedor.**

R	**E**	**S**	**P**	**E**	**T**	**O**	A	B	C
D	E	F	G	H	I	H	J	K	L
M	N	L	O	P	Q	R	S	T	U
C	**O**	**M**	**P**	**A**	**Ñ**	**E**	**R**	**O**	**S**
V	W	X	Y	Z	A	B	C	D	E
T	**O**	**L**	**E**	**R**	**A**	**N**	**C**	**I**	**A**
F	G	H	I	J	K	L	M	N	O

5. **¿Qué criterios puede tener en cuenta el monitor/educador cuando agrupe a los alumnos para que tengan una buena afinidad entre ellos?**

Para agrupar al alumnado en el espacio de comedor escolar cada monitor/educador puede tener en cuenta los siguientes criterios:

1. Según edad o nivel de desarrollo madurativo: no es conveniente intentar que establezcan intercambios comunicativos un alumno de tres años con uno de 11 o de diferentes grados de desarrollo madurativo.
2. Según el curso o clase en el que se escolarizan.
3. Según el grado y tipo de discapacidad: al alumnado con mayor dependencia y afectación hay que sentarlo al lado del monitor/educador para que este

pueda atenderle ante cualquier necesidad o emergencia. Por otro lado, no sería adecuado intentar que tenga relaciones de interacción adecuada un alumno con sordera con un alumno que no puede comunicarse de forma oral.

4. Según grado de afinidad: es decir, según las relaciones sociales que el propio alumnado haya establecido entre sí como: amistad, afinidad, si se conocen de otros cursos.
5. Según comportamiento: si hay alumnos que tienen conductas disruptivas o comportamientos negativos o desafiantes, no es conveniente sentarlos juntos o cerca para ir eliminando dichas conductas.
6. Según nivel de autonomía: es conveniente que el alumnado con mayor autonomía para comer o servirse sea intercalado en los asientos con el de menor autonomía para que se ayuden entre ellos y el alumnado de menor autonomía pueda desarrollar un nivel superior.

El monitor/educador puede observar y analizar al alumnado que atiende en su mesa de comedor para comprobar los grados de afinidad que establecen entre ellos mismos.

6. Complete la siguiente oración:

Las ayudas técnicas son todo dispositivo, **utensilio**, aparato (adaptado o no), productos de la **tecnología** que se crean con la finalidad de **suplir** o **completar** las limitaciones **funcionales** de las personas **discapacitadas.**

7. De todas las ayudas técnicas citadas, ¿cuál cree que son las más comunes en un comedor escolar?

Los implantes cocleares para el alumnado con discapacidad auditiva, el bastón abatible para el alumnado con discapacidad visual y el mobiliario adaptado para el alumnado con discapacidad motora.

8. La eliminación de barreras arquitectónicas en el comedor escolar supone...

a. **... sustituir escalones por rampas de acceso, disponer de barras y pasamanos y mobiliario adecuado.**
b. ... disponer de WC con altura regulable.
c. ... tener ascensor.
d. ... tener elevadores.

9. Indique cuál de las siguientes frases no es cierta:

a. Los recursos personales necesarios para llevar a cabo un programa de autonomía e higiene personal son: el maestro de pedagogía terapéutica, el monitor de educación especial, el tutor, el orientador, el médico rehabilitador, los diferentes equipos y el trabajador social.
b. El monitor/educador es el principal encargado de las labores de comedor escolar con el ACNEE.
c. **El médico rehabilitador no debe ayudar en los desplazamientos del ACNEE al monitor/educador.**
d. El maestro de pedagogía terapéutica como tutor del ACNEE tiene la responsabilidad de asegurar la coordinación entre todos los profesionales que atienden a este alumnado y la familia.

10. Especifique la posición física del comedor en el centro educativo. Dibuje un plano.

El comedor escolar debe estar situado en la planta baja del centro escolar para que exista una buena accesibilidad para todo el alumnado y profesionales.

11. Explique, según las aportaciones de Carr, las causas de los problemas conductuales del alumnado.

Siguiendo las aportaciones de Carr (1996), la conducta negativa atiende a los siguientes factores:

1. La conducta problemática generalmente cumple un objetivo para la persona que la manifiesta.
2. La eliminación de las conductas negativas solo es eficaz a medio y largo plazo.
3. El objetivo de la intervención, por tanto, no puede ser solo la supresión de dicha conducta sino la educación. En el sentido de facilitar al niño nuevas formas de comunicarse con los demás de forma eficaz.
4. Los problemas de conducta tienen generalmente muchas finalidades; por lo que requieren muchas intervenciones.
5. La intervención debe basarse en cambiar sistemas sociales, no al propio niño.
6. Se trata de cambiar el estilo de vida del niño.

12. ¿Por qué el alumnado con discapacidad puede tener problemas de conducta?

Porque debido a la discapacidad que presentan no comprender de forma adecuada la información del mundo que les rodea, por lo que pueden tener conductas negativas para llamar la atención o por frustración.

13. Nombre la clasificación de los problemas de conducta.

- Trastorno por déficit de atención con hiperactividad.
- Trastorno de la conducta.
- Trastorno negativista desafiante.
- Trastorno de la eliminación.
- Otros trastornos de la niñez, infancia o adolescencia.
- Trastorno de ansiedad por separación.
- Mutismo selectivo.
- Movimientos estereotipados.

14. De las siguientes frases, indique cuál es verdadera o falsa.

a. Cuando un alumno es el accidentado, la primera medida es analizar la gravedad del accidente.

☑ **Verdadero**
☐ Falso

b. En caso de que el personal de comedor se haga un corte, la primera medida es echarle agua oxigenada.

☐ Verdadero
☑ **Falso**

c. Cuando hay un caso de alumno con alergia, la familia debe aportar el parte médico y los fármacos correspondientes al coordinador de comedor.

☑ **Verdadero**
☐ Falso

d. El coordinador de comedor no tiene la obligación de informar sobre brotes de alergia, epilepsia o enfermedades al resto de personal de comedor ni a la empresa responsable.

☐ Verdadero
☑ **Falso**

15. Enumere la correcta higiene postural del ACNEE en el comedor escolar.

Una adecuada postura para comer debe atender a las siguientes características:

- Espalda recta en la silla y bien apoyada.
- Cuello recto.
- Mantener las nalgas y femorales pegados a la silla.
- Rodillas cercanas a la silla y flexionadas.
- Pies pegados al suelo.
- Codos y manos encima de la mesa.
- Procurar no doblar demasiado la espalda para comer o para acercarse a la mesa.
- No permanecer sentado muy alejado de la mesa ni demasiado cerca. Dejar un espacio adecuado.
- El alumnado en silla de ruedas debe permanecer con la espalda apoyada en la silla.
- Con el alumnado con problemas motores o con movimientos incontrolados hay que procurar que permanezca sentado lo mejor posible.
- Mantener la espalda ligeramente flexionada para lavarse las manos o dientes.
- Agacharse en cuclillas para usar el WC y con la espalda recta.

Solucionario Capítulo 3

1. **De las siguientes frases, indique cuál es verdadera o falsa.**

   a. Una enfermedad alimentaria se contrae por el consumo de alimentos que contengan microorganismos patógenos y causan enfermedades en el sujeto.

   ☑ **Verdadero**
   ☐ Falso

   b. Una alergia se produce cuando el organismo tiene diversas reacciones ante la ingestión de alimentos o ante algunos compuestos que contengan.

   ☑ **Verdadero**
   ☐ Falso

   c. Algunos de los síntomas de una alergia son vómitos, diarreas, picores, irritación de la piel y desmayos.

   ☐ Verdadero
   ☑ **Falso**

2. **Relacione los siguientes bloques con su contenido correspondiente:**

   a. Síntomas de alergia en el estómago.
   b. Síntomas en la piel.
   c. Síntomas en la respiración.

   c. Ahogo, asfixia, mucosidad, estornudos.
   b. Inflamación, picores, color rojizo.
   a. Náuseas, vómitos, diarreas.

3. **Los tipos de alergias que pueden existir en comedor escolar pueden ser:**

a. Alergia a la proteína de leche de vaca, al huevo, al pescado, a las frutas, a las hortalizas, a los cereales.
b. Alergia a la proteína de leche de vaca, al huevo, al pescado, a las frutas, a las hortalizas, a los cereales y al marisco.
c. Alergia a la proteína de leche de vaca, al huevo, a la carne, a las frutas.
d. Alergia a la proteína de leche de vaca, al huevo, a la carne.

4. **Busque en la siguiente sopa de letras algunas de las enfermedades alimentarias.**

S	**A**	**L**	**M**	**O**	**N**	**E**	**L**	**A**	E
H	A	A	B	C	D	E	F	G	U
Y	E	E	T	O	L	P	W	R	L
G	**B**	**O**	**T**	**U**	**L**	**I**	**S**	**M**	**O**
E	Q	E	C	B	H	T	O	P	D
L	**H**	**E**	**P**	**A**	**T**	**I**	**T**	**I**	**S**
O	S	E	Q	C	B	T	O	L	P
S	Ñ	E	R	T	C	A	Q	M	Z
I	A	B	H	F	R	E	Q	T	O
S	A	D	E	O	P	W	Q	G	P

5. **¿Cuáles son las causas de la gastroenteritis?**

Las causas de la gastroenteritis son:

- Cocinar alimentos de manera inadecuada o en aguas contaminadas.
- Beber de aguas contaminadas.
- Contacto con otras personas infectadas.

6. Complete la siguiente oración:

La dieta exenta en huevo consiste en suprimir los alimentos con **huevo**. Los alimentos más comunes en un comedor escolar con huevo son: tortilla de patatas, francesa, de calabacín, **pastas** con trazas de huevo.

7. Enumere qué alimentos se pueden incluir en una dieta exenta de carne de cerdo.

El cerdo puede ser sustituido por otros alimentos como: pescados, otras carnes (pollo, ternera, tortilla). Normalmente, si tocan filetes de cerdo adobados en el menú, son sustitutos por otras carnes. Los caldos, sopas o cocidos con morcilla o chorizo, se sirven sin este alimento.

8. En caso de que el alumnado sufra un accidente, los consejos de actuación ante un accidente son:

a. Llamar a los servicios de emergencia, calmar al alumno/a, protegerle con una manta, dar de beber al accidentado.
b. Llamar a los servicios de emergencia, calmar al alumno/a, protegerle con una manta, llamar a la familia.
c. Llamar a los servicios de emergencia, calmar al alumno/a, protegerle con una manta, llamar a la familia, calmarle.
d. Llamar a los servicios de emergencia, calmar al alumno/a, llamar a la familia.

9. Indique cuál de las siguientes frases no es cierta:

a. En caso de reconocimiento de signos vitales hay que llevar a cabo las siguientes acciones: comprobar si está consciente, su respiración y pulso.
b. En caso de obstrucción de las vías aéreas, las acciones son: revisar si tiene algún elemento en la boca e introducirle los dedos en la boca.
c. En caso de parada cardíaca habrá que: realizar el boca a boca y masaje cardíaco.

10. Especifique las acciones a llevar a cabo ante una quemadura de tercer grado.

En caso de llamaradas o fuego, los pasos a seguir, antes de trasladarlo al centro de salud o que acudan los servicios de emergencia, pueden ser los siguientes:

1. Apagar las llamas con un extintor. (En caso de que las llamas no sean demasiado graves y puedan ser controladas).
2. Apagar las llamas de la víctima envolviendo con una manta.
3. No curar las quemaduras en ningún caso con pomadas, fármacos o medicamentos u otros elementos.
4. No quitarle la ropa a la víctima, ya que la piel puede quedarse pegada a la ropa.
5. En caso de quemaduras en las manos o dedos hay que separar despacio cada dedo con una gasa.
6. En caso de quemaduras en la cara, poner una gasa con agujeros en la nariz, boca y ojos para que pueda respirar.

Además de estos pasos, es importante mantener la calma en todo momento y tranquilizar a la víctima. Reaccionar rápido y hacer las curas despacio para que la víctima no sufra.

11. Enumere el contenido general del botiquín y otros elementos que pueda contener.

Un botiquín debería contener los elementos siguientes:

- Tijeras
- Tiritas
- Vendas
- Gasas
- Esparadrapo
- Guantes de látex
- Agua oxigenada
- Povidona yodada
- Termómetro

Dependiendo de la necesidad de cada centro, el botiquín podrá disponer de más elementos.

12. Explique los recursos materiales necesarios para atender a las necesidades fisiológicas del alumnado.

Para atender a las necesidades fisiológicas del ACNEE en el comedor escolar son necesarios una serie de recursos materiales como pueden ser:

1. Barras de sujeción: destinado principalmente a alumnado con discapacidad motora o falta de autonomía. Estas sirven como punto de apoyo para sentarse o levantarse en el WC.
2. Suelos antideslizantes: instalados en el cuarto de baño para evitar que el alumnado se resbale o para que las sillas de ruedas tengan sujeción al suelo.
3. Camillas de cambiado: destinado a alumnado con un déficit intelectual inferior a tres años que no disponen de autonomía y dependan de otras personas para que puedan cambiarle los pañales, braguitas, ropa, etc. (por ejemplo, el alumnado con problemas basales).
4. Sistemas visuales de apoyo: como sistemas visuales de cepillado de dientes, uso del WC y lavado de manos que sirvan de guía de aprendizaje a través del uso de imágenes y pictogramas.
5. Otros materiales: toallas, ropa de sustitución (para aquel alumnado que por alguna causa no disponga de ropa para cambiarse), toallitas, polvos de talco (para alumnado que usa pañales y necesite que las irritaciones de la piel sean curadas), jabón de manos o dispensador, pasta de dientes, papel higiénico... Los cepillos de dientes y de pelo debe traerlos el alumnado para que se queden guardados en el colegio en algún mueble o que lo traigan cada día en un neceser.
6. Silla de ruedas: para trasladar al alumnado en caso de emergencia por una necesidad fisiológica desde el comedor u otra dependencia al cuarto de baño.

Estos son algunos ejemplos de los recursos materiales que puede requerir un centro escolar para atender a las necesidades fisiológicas del alumnado; sin embargo, cada centro podrá disponer de más o menos recursos, dependiendo de las características del centro, del tipo de alumnado al que atienda con discapacidad, de las instalaciones, etc.

13. ¿Cómo se llama el programa que incluye las técnicas de resolución de conflictos?

Programa socioafectivo.

14. Indique la opción correcta. Para trabajar la modificación o eliminación de conducta, se pueden llevar a cabo estrategias como...

a. ... la mejora de la autoestima, la economía de fichas y mural de normas de comportamiento.

b. ... la mejora de las habilidades sociales y la comunicación.

15. Explique los valores trabajados en la resolución de conflictos.

1. Respeto: porque el ACNEE debe respetar a su grupo de iguales y al monitor/educador a través de una serie de normas sociales establecidas. Y el resto de alumnado debe tomar conciencia y ser respetuoso con el alumnado con necesidades especiales; ser conscientes de que comparten experiencias con alumnado con discapacidad al cual deben tratar del mismo modo que al resto de compañeros.
2. Tolerancia: todo el personal y el alumnado que acude a comedor debe aprender a convivir bajo un clima de convivencia escolar adecuado, siendo tolerantes con las diferencias individuales de cada persona.
3. Compañerismo: el compañerismo conlleva ayudar a los demás, ser respetuoso y tolerante. La presencia de ACNEE en el comedor escolar implica la interacción constante de los especialistas dedicados a la atención de este alumnado y además implica que el resto de alumnado pueda relacionarse con el ACNEE para jugar, ayudarles o comunicarse.

Solucionario 8

Programas de adquisición de hábitos de alimentación y autonomía de un ACNEE que se realizan en un comedor escolar

Solucionario Capítulo 1

1. **Complete los espacios libres de la siguiente frase:**

   Según la LOE (Ley Orgánica 3/2020, de 29 de diciembre) se entiende por ACNEE (Alumnado con Necesidades Educativas **Especiales)** a aquel que requiera, por un periodo de su **escolarización** o a lo largo de toda ella, determinados **apoyos** y atenciones educativas específicas derivadas de una **discapacidad** o de **trastornos graves de conducta.**

2. **La enseñanza de habilidades básicas y hábitos de autonomía, dentro de las cuales estaría la alimentación, ¿qué objetivo persigue?**

   a. **Potenciar al máximo las posibilidades del sujeto y posibilitar su desarrollo en el medio.**
   b. Facilitar a corto plazo el desenvolvimiento en el contexto escolar.
   c. La integración en el medio y la satisfacción personal.

3. **Indique si las siguientes frases son verdaderas o falsas.**

   a. Se debe prever cómo se llevará a cabo la interrelación y la comunicación del ACNEE con su grupo de iguales y con los monitores de apoyo que le asisten.

      ☑ **Verdadero**
      ☐ Falso

   b. A través del conocimiento de la manipulación que posee el ACNEE se podrá realizar la previsión del tipo de materiales que van a poder utilizar. bandejas, tenedor, cuchara, etc.

      ☑ **Verdadero**
      ☐ Falso

   c. El alumnado con dificultades en la deglución suele respirar por la nariz.

      ☐ Verdadero
      ☑ **Falso**

d. Las capacidades cognitivas son aquellas que se refieren a lo relacionado con el procesamiento del lenguaje.

☐ Verdadero
☑ **Falso**

4. ¿Qué son las alergias alimentarias?

Son una reacción inmunológica como respuesta a la exposición a un alimento o a un componente de un alimento.

5. Relacione los siguientes elementos:

a. Grado I.
b. Grado II.
c. Grado III.

c. Cuando la persona necesita ayuda para realizar varias actividades básicas de la vida diaria varias veces al día y, por su pérdida total de autonomía física, mental, intelectual o sensorial, necesita el apoyo indispensable y continuo de otra persona, o tiene necesidades de apoyo generalizado para su autonomía personal.
b. Cuando la persona necesita ayuda para realizar varias actividades básicas de la vida diaria dos o tres veces al día, pero no requiere el apoyo permanente de un cuidador, o tiene necesidades de apoyo extenso para su autonomía personal.
a. Cuando la persona necesita ayuda para realizar varias actividades básicas de la vida diaria al menos una vez al día, o tiene necesidades de apoyo intermitente o limitado para su autonomía personal.

6. Las rutinas permiten al ACNEE...

a. ... prevenir y anticiparse a situaciones.
b. ... orientarse en el tiempo y en el espacio.
c. ... reforzar hábitos que generalmente acompañan a la actividad del comedor.
d. Todas las opciones son correctas.

7. ¿Deben los profesionales de apoyo en el comedor asegurarse de que el ACNEE tome todo tipo de alimentos y que coman una cantidad suficiente de cada plato? ¿Cómo?

Deben asegurarse de que los alimentos se toman de forma ordenada (primer plato, segundo plato y postre), y de que coman todo tipo de alimentos y en cantidad suficiente.

8. Los edificios y su equipamiento deben caracterizarse por la adaptabilidad y la flexibilidad. Defina estos dos conceptos.

Adaptabilidad es la propiedad de un edificio para admitir cambios en sus infraestructuras, desplazamientos de la edificación, eliminación o adición de elementos constructivos, etc.

La flexibilidad hace referencia a la cualidad de una estructura que permite la variación de servicios y dependencias, es decir, cambios en la distribución interior de las edificaciones.

9. ¿Cuál es el mobiliario del comedor escolar de referencia?

- Mesas grandes, con suficiente espacio para todo el alumnado.
- Sillas.
- Estanterías para la colocación de cubiertos, vasos, bandejas, jarras, servilletas, etc.
- Percheros y/o taquillas para que el alumno guarde de manera ordenada sus pertenencias.
- Mesa caliente de distribución de comida.
- Nevera.

10. Termine la siguiente frase:

"Para el diseño y la toma de decisión de las adaptaciones a realizar conviene recabar toda la información posible por parte de...".

... las familias, del profesorado y cómo no, del propio interesado/a, ya que quien más sabe sobre su discapacidad es quien la padece. Son los ACNEE quienes en muchas ocasiones van a informar si están cómodos, seguros, etc."

11. El especialista de apoyo en el comedor deberá hacer una planificada y cuidada disposición de los materiales y así facilitar la utilización de los mismos teniendo en cuenta...

a. ... accesibilidad, flexibilidad, etiquetado, clasificación y distribución.
b. ... adaptabilidad y etiquetado.
c. ... etiquetado, distribución y clasificación.
d. ... accesibilidad, visibilidad, clasificación, etiquetado y distribución.

12. Escriba al menos cinco materiales adaptados que se suelen utilizar en el comedor por el ACNEE.

- Tenedores en los que uno de sus bordes esté afilado.
- Cuchillos en forma de balancín con el mango perpendicular a la hoja.
- Vasos antiderrame con pipeta que controlan el flujo de líquido.
- Calzaplatos para ser colocados debajo del plato e inclinarlo.
- Tapetes antideslizantes bajo los platos.

13. ¿Qué es un programa de intervención?

Puede definirse como la acción colectiva del equipo interdisciplinar junto con otros miembros de la comunidad educativa para el diseño, implementación y evaluación de un plan destinado a la consecución de unos objetivos concretos, en un medio socio-educativo en el que previamente se han determinado y priorizado las necesidades de intervención.

14. ¿Qué puntos debe prever como mínimo un programa de autonomía y hábitos en la alimentación?

- Identificación de necesidades y destinatarios.
- Objetivos.
- Áreas de actuación o contenidos.
- Pautas y protocolos de actuación o metodología.
- Recursos de apoyo al programa.
- Evaluación.

15. Complete los espacios libres de la siguiente frase:

"Un protocolo de actuación podría definirse como un **conjunto de estándares, normas y formatos** para el intercambio de datos que asegura la uniformidad de las distintas actuaciones de un **programa**".

Solucionario Capítulo 2

1. **¿Qué tanto por ciento debe aportar el desayuno al total calórico del día?**

   a. 30 %.
   b. 35 %.
   c. 25 %.
   d. Todas las opciones son incorrectas.

2. **Complete los espacios libres de la siguiente frase:**

   Las necesidades **nutricionales** varían de un individuo a otro dependiendo del **sexo,** edad, **estado de salud** y nivel de actividad, factores que se tendrán en cuenta a la hora de planificar **dietas especiales.**

3. **Los lácteos dentro de la clasificación de los distintos alimentos en sus características nutricionales se sitúan dentro del grupo...**

   a. ... 1.
   b. ... 2.
   c. ... 3.
   d. ... 4.

4. **Indique cuáles de las siguientes frases son verdaderas o falsas.**

   a. Las carnes, pescados y huevos son alimentos ricos en calcio y al contener también grasa y azúcar son una fuente importante de energía. Son alimentos para las etapas del crecimiento.

      ☐ Verdadero
      ☑ **Falso**

   b. Las frutas y las verduras son muy ricas en fibra alimentaria, vitaminas, sales minerales y agua. Por el contrario, su aporte proteico es menor, tanto en cantidad como en calidad.

      ☑ **Verdadero**
      ☐ Falso

c. El pan y los cereales destacan principalmente por su aporte de hidratos de carbono.

☑ **Verdadero**
☐ Falso

d. Los productos lácteos son alimentos ricos en proteínas de alta calidad.

☐ Verdadero
☑ **Falso**

5. ¿Qué es la obesidad?

La obesidad es la consecuencia del balance energético positivo resultante, en general, de una aportación calórica superior a las necesidades del organismo.

6. Defina "dieta especial".

Es una dieta sana y equilibrada que se elabora, de manera específica, para un tipo de discapacidad debida a dificultades para lograr una ingesta de nutrientes en cantidad y calidad adecuada, sea por incapacidad de alimentarse por sí mismo o por ser reacio a seguir algún tipo de dieta.

7. Indique si la siguiente afirmación es verdadera o falsa.

En la evaluación de las necesidades nutricionales del ACNEE se tendrá en consideración, al igual que para otro tipo de alumnos, su edad, talla, peso, nivel de actividad y alergias, determinando además de manera específica otros aspectos como por ejemplo: si existe alguna afección que requiera la modificación de su régimen alimentario o su capacidad física e intelectual para fijar objetivos razonables en cuanto a autoalimentación se refiere.

☑ **Verdadero**
☐ Falso

8. Relacione los siguientes conceptos con su definición correspondiente.

a. Escalas de observación
b. Listas de control
c. Registro de hechos significativos

c. Es una explicación "objetiva" de un incidente en relación con una conducta que pudiese incidir en la evaluación del ACNEE.
b. Registran la conducta recogida en listas de acción.
a. Es un instrumento que no solo indica la presencia o no de una determinada conducta, sino que además indica el grado de intensidad en que esta se produce con una escala de valores preestablecida de antemano.

9. El análisis de los datos es cuantitativo y el observador es participante externo pero de forma pasiva.

a. Listas de observación.
b. Observación sistemática.
c. Registro anecdótico.
d. Todas las opciones son incorrectas.

10. ¿Cuáles son los principales inconvenientes de las listas de control?

- No se puede apreciar los grados de las conductas.
- No permite realizar ningún comentario sobre lo observados.
- Son muy dicotómicas.

11. Termine la siguiente frase:

La dieta específica de cada ACNEE va a depender de múltiples factores individuales generales como son la edad, talla y el peso, y de forma específica se debe valorar...

... el grado de discapacidad, estado general de la salud y los factores de riesgo económicos, psicológicos, sociales, y funcionales (nivel de dependencia).

12. Señale cuáles pueden ser algunos síntomas de alteraciones en el proceso de deglución.

- Sensación de ahogo durante y después de la ingesta de alimentos.
- Incapacidad para succionar.
- Acumulación de alimentos en la boca.
- Reflujo gastroesofágico.
- Infección crónica de vías respiratorias superiores.
- Pérdida de peso.
- Tos húmeda.

13. Una de las normas generales a tener en cuenta para que se puedan digerir fácilmente los alimentos es:

a. **Comer pequeñas cantidades cada vez.**
b. Comer con pan.
c. Beber mucha agua.
d. Todas las opciones son correctas.

14. Señale la palabra o palabras más adecuada en relación a la afirmación que se hace.

En cuanto a los alimentos (sólidos - de consistencia mixta - **líquidos)** también se ha de proceder a (un seguimiento - **una valoración)** previa a la hora de seleccionarlos teniendo en cuenta que en casos de **(atragantamientos** - mordeduras - ahogos) frecuentes, con gran dificultad para tragar, se deben (triturar los alimentos de consistencia mixta - **espesar los líquidos** - triturar los sólidos) con polvos espesantes instantáneos de venta en farmacias.

15. ¿Qué debe incluir una ficha de registro de datos personales e información del hogar/ familia?

- Nombre y apellidos.
- Procedencia.
- Edad.
- Fecha y lugar de nacimiento.
- Alergias a alimentos y método de actuación ante ellas.
- Nombre y ocupaciones de los padres.
- Información sobre los hermanos y hermanas (si presentan alguna patología alimenticia, etc.).
- Etc.

Solucionario Capítulo 3

1. **Defina el significado de masticación.**

   Es un proceso mediante el cual se tritura el alimento a través de los dientes, concretamente de los molares, junto con la lengua. El resultado de la masticación es el bolo alimenticio.

2. **La saliva humedece el alimento triturado hasta formar una pequeña masa pastosa, llamada bolo alimenticio y...**

   a. **... hace que sea de más fácil deglución.**
   b. ... hace que sea más difícil que se quede entre los dientes.
   c. ... juega un papel importante en la respiración.
   d. ... se deberá mantener en la boca para estimular las células del gusto.

3. **Complete los espacios libres de la siguiente frase:**

   TTras formarse el **bolo alimenticio,** los movimientos musculares de la lengua en la boca lo desplazan hacia la **faringe,** continuando por el **esófago.** La deglución está comprendida en dos actos, uno con carácter **voluntario** y el otro **involuntario.**

4. **Indique si las siguientes frases son verdaderas o falsas.**

   a. Los destinatarios de un programa de masticación serán aquellos que presenten déficit en la dentadura, falta de movilidad de la lengua, fallo en el control de la mandíbula o engrosamiento de las encías.

      ☑ **Verdadero**
      ☐ Falso

   b. Las actuaciones no serán tareas aisladas, sino que han de proceder de manera globalizada con la realidad del comedor e integrada con el resto de compañeros, generando un contexto natural a la vez que educativo.

      ☑ **Verdadero**
      ☐ Falso

c. No será necesario estar coordinados entre los profesionales para llevar de una manera adecuada el programa y poder así alcanzar los objetivos propuestos.

☐ Verdadero
☑ **Falso**

d. Las actuaciones se dispondrán de mayor a menor grado de dificultad, esfuerzo y concentración.

☐ Verdadero
☑ **Falso**

5. ¿Cuál de las siguientes no es una técnica de entrenamiento?

a. La instrucción verbal.
b. Modelado de conducta.
c. Imitación y ensayo de conducta.
d. Reforzamiento.
e. Encadenamiento.
f. Generalización.
g. Guía física.

6. Relacione el alimento con el tipo de movimiento mandibular que requiere.

a. Fruta asada.
b. Frutos secos.
c. Pan.
d. Verdura fresca.
e. Huevo cocido.
f. Rosada a la plancha.

a, e y f. Movimiento de apertura y cierre
b, c y d. Movimientos laterales

7. ¿Qué es la quijada?

Se denomina quijada al hueso plano en forma de herradura perteneciente a la mandíbula y que se tiene en la parte inferior y anterior de la cara. Es la parte baja de la mandíbula.

8. La evaluación se realizará en función de...

a. ... la metodología.
b. ... el seguimiento.
c. ... los objetivos y de las áreas de intervención.
d. ... los criterios de evaluación normalizados.

9. Todas las conclusiones emitidas en los procesos de evaluación serán recogidos en un documento funcional denominado...

a. ... informe de evaluación.
b. ... memoria de evaluación.
c. ... diseño de la evaluación.
d. ... diseño del programa.

10. ¿Qué tres sistemas de respuestas existen? Defínalos.

- RESPUESTAS MOTORAS: aquellas respuestas que muestran lo que la persona hace o no hace. Son respuestas visibles y observables por los demás.
- RESPUESTAS FISIOLÓGICAS: hace referencia a las distintas sensaciones que ocurren dentro del organismo, por tanto, internas, y no son observables por los demás.
- RESPUESTAS COGNITIVAS: se incluyen los pensamientos, imágenes, opiniones, creencias, atribuciones, sentimientos, etc.

11. Termine la frase:

Las instrucciones han de describir de forma verbal la conducta a realizar e incluyen...

... explícita o implícitamente las consecuencias que se seguirán.

12. ¿Qué diferencia hay entre imitar y modelar?

La imitación significa que se replica la conducta de alguien, pero a diferencia con el modelado, esta solo muestra el resultado de una serie de procesos mentales que se supone han llevado a una persona a la conducta específica que pretendía.

13. ¿Cuál son los dos modos básicos de enseñar una cadena de conductas?

- El encadenamiento mediante tarea total (enseña 1234, enseña 1234, enseña 1234,...). La persona realiza en cada ensayo de más a menos ayuda todos los componentes de la cadena (1, 2, 3, 4) desde el principio hasta el fin, siendo reforzada por ello, y sigue así ensayo tras ensayo hasta que es capaz de ejecutar toda la cadena sin ayuda (Martin y Pear, 1999).
- El encadenamiento mediante tarea parcial. La persona debe aprender la cadena por partes y luego combinar los distintos pasos para formar la cadena completa.

14. Complete los espacios libres de la siguiente frase:

No basta con enseñar una habilidad para que esta se **transfiera** universalmente, el proceso de **generalización** no suele producirse de forma espontánea y natural. Para que ello ocurra se requiere de un **entrenamiento** específico en generalización dentro del programa de intervención o del programa **educativo.**

15. ¿Qué ítems se pueden incluir en una ficha de registro anecdótico?

- Nombre y apellidos del alumno/a
- Observador
- Lugar
- Fecha y hora
- Antecedentes
- Incidente
- Consecuencia
- Interpretación
- Observaciones

Solucionario Capítulo 4

1. **La norma UNE-EN ISO 9999:2023 sobre clasificación y terminología de productos de apoyo para las personas con discapacidad los define como cualquier producto fabricado especialmente o disponible en el mercado, utilizado por o para personas con discapacidad y que está destinado a...**

   a. ... facilitar la participación.
   b. ... proteger, apoyar, entrenar, medir o sustituir funciones/estructuras corporales y actividades.
   c. ... prevenir deficiencias, limitaciones en la actividad o restricciones en la participación.
   d. Todas las opciones son correctas.

2. **En todos los ámbitos en los que se utilicen las ayudas técnicas, estas deben caracterizarse por ser:**

   a. Inseguras.
   b. De fácil obtención.
   c. Estáticas.
   d. Propuestas antes de que aparezca la necesidad real.

3. **Complete los espacios libres de la siguiente frase:**

   En la mayoría de los casos será necesario un profesional que **recomiende** y que **enseñe** a utilizar las ayudas técnicas que requiera el alumno con NEE.

4. **¿Qué es un sujeta-platos?**

   Dispositivo que posee un agarre para facilitar la presión sobre el plato y un mango, de tal forma que permite sujetar y transportar este con una mayor facilidad.

5. Indique si las siguientes frases son verdaderas o falsas.

a. Los dispensadores de comida son recipientes que ayudan al alumnado a alimentarse por sí solo y sin ayuda de una persona de apoyo.

- ☐ Verdadero
- ☑ **Falso**

b. Los cubiertos, al igual que ocurre con las espátulas y pinzas adaptadas para servir comida, pueden ser adquiridos de forma que se les pueda ajustar cualquier tipo de mangos (existen juegos de mangos que se adaptan a cualquier necesidad), o bien con el mango ya adaptado.

- ☑ **Verdadero**
- ☐ Falso

c. Los cubiertos con asa moldeable son cubiertos que poseen un mango cilíndrico flexible que permite colocarlos en multitud de posiciones alrededor de la mano o en la articulación de la muñeca.

- ☐ Verdadero
- ☑ **Falso**

d. Las pajitas adaptadas son pajitas con retroceso, es decir, permiten que el líquido no permanezca dentro demasiado tiempo.

- ☐ Verdadero
- ☑ **Falso**

6. ¿A qué se le denomina borde elevado?

Al producto curvado que se puede adecuar al plato para impedir que la comida se derrame.

7. Relacione el nombre de la sonda con el lugar donde está colocada:

a. Sonda nasoyeyunal.
b. Sonda nasogástrica.
c. Estomacal.

b. Desde la nariz al estómago.
c. Directamente al estómago desde el exterior.
a. Desde la nariz al intestino delgado.

8. En la alimentación por vía oral, para dar de comer de forma correcta se debe...

a. ... situar la comida lejos de tal forma que no pueda ser derramada.
b. ... poner al ACNEE en posición de tumbado para que esté lo más cómodo posible.
c. ... estimular la alimentación para que sea rápida.
d. Todas las opciones son incorrectas.

9. Complete los espacios libres de la siguiente frase:

La participación de las **familias** requiere que se le facilite una **información** continuada relativa a las decisiones acerca de la **alimentación** de sus hijos, en cuanto a las **condiciones** y **recursos** que garanticen un servicio de **calidad.**

10. ¿Cómo pueden ser los cauces de comunicación y colaboración entre la familia y la escuela?

- Colectivos, ejemplarizados en las reuniones de padres en las que se puede constatar la evolución del grupo en el que se encuentra el ACNEE.
- Individuales, que tienen como objetivo guiar y facilitar la adaptación del ACNEE al medio escolar y concretamente al comedor, sentando las bases de la relación, conociéndose y estableciendo un clima de confianza mutua.

11. Las reuniones periódicas se llevarán a cabo por la demanda de...

a. ... el orientador escolar.
b. ... los padres a través del tutor.
c. ... el monitor de apoyo.
d. Todas las opciones son correctas.

12. ¿Cuántas reuniones se deben tener con los padres a lo largo del curso?

Al menos se han de realizar cuatro reuniones, una de presentación y recogida de información y tres de evaluación (una por trimestre).

13. Defina el significado de cuadernos de intercambio de comunicación.

Es una libreta que viene y va entre la familia y los profesionales de apoyo en el comedor escolar. En ella se tratarán los aspectos más importantes del día a día en el comedor y en la casa.

14. Las sesiones prácticas en el comedor se pueden considerar como...

a. ... un proceso de elaboración de productos alimenticios para personas con discapacidad.
b. ... una estrategia de intervención para padres.
c. ... una estrategia de formación continuada.
d. Todas las opciones son incorrectas.

15. Complete los espacios libres de la siguiente frase:

La asistencia de la familia a **sesiones prácticas** en el comedor del colegio implica un enfoque **democrático** de las interacciones y **relaciones,** así como de los **objetivos** y fines a conseguir.